쉽게 편찬된 구역 및 대학 · 청년부
G.B.S.용 교재

JN415987

쉬운 히브리서 Ⅱ

묵상하는사람들
프리셉트

*서문

프리셉트성경연구원에서는 1982년 이래로 성경연구 전문서적을 편찬해 왔고 목회자들과 교회지도자들을 하나님의 말씀으로 훈련하는 심도 있는 프리셉트성경연구 과정을 개설해 왔습니다.
한편, 프리셉트성경연구원은 한국 교회를 효과적으로 돕는 다양한 교재를 구역, 셀, 소그룹, 그리고 청년부의 조모임을 위해 많이 개발하고 있습니다. 그 종별의 특징은 다음과 같습니다.

| G.B.S. 교재의 종별 특징

1. High G.B.S. 시리즈

   평신도 소그룹 중 성경공부를 장기간 진행해 온 분들에게 적합한 교재입니다. 프리셉트성경연구원의 고급 과정(PUP)에서 다루는 내용을 압축하여 정리한 내용으로서, 참여자들이 1시간 정도 예습해 올 수 있을 때에 효과적으로 진행할 수 있는 교재입니다.

2. BEST G.B.S. 시리즈

   소그룹 참여자들의 신앙 수준이 다양한 점을 고려하여, 다양한 도입글과 질문을 제시하였습니다. BEST G.B.S.를 쉽고 편하게 진행하기를 원하면, 「더 깊은 연구와 묵상을 위하여」를 생략하고 다룰 수 있습니다.

3. 쉬운 G.B.S. 시리즈

   이 교재는 질의응답식 내용을 통해 누구나 예습 없이 현장에서 쉽게 진행할 수 있도록 구성되었습니다.

4. 주제별 G.B.S. 시리즈

이 교재는 성경의 내용을 주제별로 다뤄서 해당 주제에 대해 성경적 세계관을 확립하는 데 큰 도움을 줍니다.

5. 하나님 마음에 합한 시리즈

이 교재는 신앙생활에 관한 16가지 주제를 소그룹용으로 편찬한 교재로서, 쉬운 G.B.S.에 비해 다루는 내용이 넓고 깊습니다.

6. 40분 G.B.S. 시리즈

이 교재는 미국 프리셉트 본부에서 기획된 교재로서, 약 40분 동안 활발한 토의식 성경공부를 진행할 수 있도록 구성된 편리하고 유용한 교재입니다.

7. 성품 G.B.S. 시리즈

이 교재는 성도들이 소그룹에서 끈기 있게 예수님의 성품을 배우도록 편찬되었습니다. 이 시리즈는 감사, 경건 등 성품이란 주제에 대하여 성경 본문을 집중적으로 연구하여 적용하도록 돕는 성품 변화에 통합된 자료입니다.

8. 기타

그 외에 수련회용, 주말 성경학교용, 청소년용, 제자훈련용 등 많은 교재가 준비되어 있습니다.

II 인도자를 위한 안내

1. 시작 시간을 정확히 지키십시오.
2. 성령님께서 말씀의 비밀을 깨우쳐 주시도록 함께 기도하십시오.

3. 성경공부에 들어가기 전, 지난 주에 깨달은 말씀을 함께 나누면서 마음을 여는 시간을 가지십시오.
4. 인도자는 시작하는 질문을 던지면서 참여자들의 활발한 토론을 유도해 나가십시오. 질문을 할 때에는 교재에 주어진 문제에만 국한하지 말고 다른 보충질문들을 준비하여 이끌어 가십시오.
5. 각 문제마다 적절한 시간을 안배하여 중점적으로 다룰 문제는 충분히 토의하고 지엽적인 문제는 간단히 진행하십시오.
6. 각 과를 인도한 후, 다음의 평가항목을 통해 스스로 자기 점검을 하십시오.
7. 인도자로서 좀 더 깊이 성경을 배우고자 하는 분들은 프리셉트 성경연구 과정에 참여하여 도움을 받기 바랍니다(문의: 02-588-2218).

Ⅲ 평가항목

1. 보조 질문은 좋았는가?
   명확하고 간략했는가?
   본문에 충실했는가?
   본질적인 문제에 접근했는가?
   깊은 통찰과 적절한 적용을 이끌어 냈는가?
2. 참여자의 발표를 잘 유도하고 격려했는가?
3. 말을 너무 많이 하거나 적게 하지는 않았는가?
4. 준비를 충분히 하였는가?
5. 분문에서 벗어난 방향으로 토의가 진행되지는 않았는가?
6. 시간은 잘 지켰는가?

Ⅳ 본 교재에 대하여

히브리서는 믿음에서 점점 멀어져가는 유대인들을 향한 메시지로, 율법을 능가하는 복음의 탁월함을 보여줍니다. 예수 그리스도의 우위성을 가르치며 믿음의 길을 가는 것이 힘들고 어렵지만 끝까지 신앙을 지키는 자에게 하나님의 위로와 영광이 있음을 말하고 있습니다. 고난과 환난 가운데 있는 성도들에게 예수님은 천사나 구약의 제사장들과는 비교할 수 없는 하나님이심을 담대히 선포합니다. 세상의 유혹과 위협에 맞서기 위해 온전한 믿음을 가지며, 고난의 자리에 나아가는 것을 두려워하지 않고 끝까지 인내함으로써 믿음의 경주를 감당할 것을 담대히 도전하고 있습니다.

이 책을 공부하는 동안 당신은 그리스도인의 삶에 대해 진지하게 고민하는 시간을 갖게 될 것입니다. 히브리서로 구성된 본 쉬운 G.B.S.를 통해 견고한 신앙의 기반을 구축하고, 위대하신 하나님을 온 심령으로 찬양하는 기쁨을 누리시기 바랍니다.

프리셉트성경연구원
원장 김경섭

쉬운 히브리서 - II

서문 / 2
개관 / 8

제 1과 우리를 위한 대제사장 / 10
제 2과 더 아름다운, 더 좋은 / 15
제 3과 불완전한 첫 언약 / 20
제 4과 영원한 기업을 약속하신 하나님 / 25
제 5과 언약의 피라 / 30
제 6과 영원한 제사를 드린 예수 그리스도 / 36
제 7과 새로운 살 길 / 42
제 8과 구원에 이르는 믿음 갖기 / 48
제 9과 믿음의 실상과 증거 / 53

차 례

제 10과 본향을 사모하는 믿음 / 58
제 11과 믿음으로 행동하라 / 64
제 12과 세상이 감당하지 못할 자 / 70
제 13과 믿음의 경주 / 76
제 14과 쓴 뿌리 / 82
제 15과 흔들리지 않는 나라 / 87
제 16과 어제나 오늘이나 영원히 동일하신 주 / 93
제 17과 양들의 큰 목자이신 우리 주 예수 / 99

인도자를 위한 지침 / 105

HEBREWS

히 브 리 서

1. 저자

히브리서의 저자는 확실하지 않다. 혹자는 아볼로라고 하기도 하고 누가라고 하기도 하는 등, 많은 사람들의 이름이 오르내린다. 일반적으로 사도 바울이 저자라고 알려져 있지만 확실한 것은 아니다. 저자는 불분명하지만 초기 기독교의 개종한 유대인들을 대상으로 한 히브리서는 하나님의 영감으로 쓰여진 말씀임에 분명하다.

2. 수신자

본문의 구절(2:3; 5:11-12; 6:9-10; 13:23-24)에 의하면 최초의 수신자로 간주된 사람들은 로마가 다스리는 영토 내에 거주하는 유대 그리스도인 모임에 소속된 자들이다.

3. 저작 연대와 장소

본서는 주후 70년(로마의 Titus가 예루살렘 성전을 파괴) 이전에 기록되었을 것이다. 왜냐하면 성전이 아직 있었으며 제사장들이 아직도 구약의 제사를 드렸기(8:1 이하, 9:6, 9, 10:1, 13:10 이하) 때문이다.

4. 저작의 동기와 목적

복음이 전파되면서 이방인 권세자들의 박해로 인한 배교의 위험이 많아졌다. 더욱이 신앙의 해이로 인해 그리스도인들은 영적 미성숙함과 나약함 속에 있게 되었다. 본서는 그러한 그리스도인들을 경고하고 권면하기 위해 쓰여졌다. 고난과 시험 속에서도 항상 살아계시며 도우시는 예수 그리스도를 의지하여 끝까지 인내하고 궁극적인 구원을 얻도록 격려하기 위한 목적으로 '권면의 글'을 쓴 것이다. 이 목적을 위해 저자는 예수 그리스도의 영원하신 대제사장 되심을 중심 주제로 삼아 구약성경을 모형론적으로 설명해주고 있다.

5. 내용 분해

초점	**그리스도의 우월성** 1:1–4:13			**그리스도 사역의 우월성** 4:14–10:18			**그리스도인의 믿음 생활의 우월성** 10:19–13:25		
구성	선지자들 보다 뛰어 나심 1:1–1:3	천사들 보다 뛰어 나심 1:4–2:18	모세 보다 뛰어 나심 3:1–4:13	그리스도의 제사장직 4:14–7:28	그리스도의 언약 8:1–8:13	그리스도의 성소와 제사 9:1–10:18	믿음의 확신 10:19–11:40	믿음의 인내 12:1–12:29	사랑의 권고 13:1–13:25
주제	그리스도의 위엄			그리스도의 사역			그리스도를 위한 목회자		
	교리						훈련		
장소	미상								
연대	주후 약 64–68년								

1 우리를 위한 대제사장

▶ 본문 : 히브리서 8:1~5 ▶ 요절 : 히브리서 8:1

1 지금 우리가 하는 말의 요점은 이러한 대제사장이 우리에게 있다
는 것이라 그는 하늘에서 지극히 크신 이의 보좌 우편에 앉으셨으
니 **2** 성소와 참 장막에서 섬기는 이시라 이 장막은 주께서 세우신
것이요 사람이 세운 것이 아니니라 **3** 대제사장마다 예물과 제사
드림을 위하여 세운 자니 그러므로 그도 무엇인가 드릴 것이 있어
야 할지니라 **4** 예수께서 만일 땅에 계셨더라면 제사장이 되지 아
니하셨을 것이니 이는 율법을 따라 예물을 드리는 제사장이 있음
이라 **5** 그들이 섬기는 것은 하늘에 있는 것의 모형과 그림자라 모
세가 장막을 지으려 할 때에 지시하심을 얻음과 같으니 이르시되
삼가 모든 것을 산에서 네게 보이던 본을 따라 지으라 하셨느니라

▫ 도입을 위한 글

이탈리아의 성인 성 프란시스가 우연히 우물가를 지나다 이상한 장면을 보았습니다. 그것은 한 여인이 우물물을 길고 그 물동이에 나뭇조각을 띄우는 모습이었습니다. 여인의 행동에 호기심이 생긴 프란시스는 말을

걸었습니다. "대체 왜 물동이에 나뭇조각을 띄우는 건가요?" 그러자 여인이 대답했습니다. "나뭇조각을 띄우면 그 부피만큼 물이 덜 채워져서 물동이가 흔들려도 물이 넘치지 않는답니다." 그녀의 답변에 큰 깨달음을 얻은 프란시스는 사람들에게 이렇게 말했다고 합니다. "분노가 당신의 마음을 넘치려고 할 때 주님의 십자가를 띄우십시오."

– 김병삼, 「하나님을 미소 짓게 하는 이야기」

도입을 위한 질문

1. 삶의 위기가 닥쳐왔을 때 당신이 가장 먼저 떠올리는 분은 누구입니까?

2. 성소와 교회의 차이점은 무엇입니까?

본문 질문

1. 저자가 말하는 요점은 무엇입니까?(1절)

*요점(헬. 케할라이온): 중점, 주요한 것, 계산된 돈의 합계, 액수.

2. '성소'에 대해서 설명해 보십시오(2절).

*성소(헬. 하기오스): 신성한, (육체적으로) 순결한, 도덕적으로 결백한 또는 종교적인, (의례적으로) 봉헌된, (가장) 거룩한 (사람, 사물), 성도/ *장막(헬. 스케네): (문자적 또는 상징적으로) 천막, 초막, 모양을 본떠서 예루살렘 성전을 세운 이동식 하나님의 성전으로 알려진 성막.

3. 예물과 제사를 드리는 일에 있어서 대제사장과 예수 그리스도의 차이점은 무엇입니까?(3절)

*대제사장들은 소제물과 번제물을 하나님께 1년에 한 번 속죄제사로 드렸다.

4. 예수 그리스도께서는 왜 하늘 장막의 봉사자가 되셨습니까?(4절)

*원문에는 4절 초두에도 '왜냐하면'이라는 말이 있다. 이것은 예수 그리스도께서 왜 하늘

장막의 봉사자가 되셨는지를 말씀한다.

5. 땅에 거하는 제사장들이 섬기는 것은 무엇입니까?(5절)

*하나님께서는 모세에게 시내 산 위에서 그에게 보이셨던 본을 따라 성막을 지으라고 명령하셨다. 예수께서는 이제 바로 그 하늘의 원형의 성막에서 섬기는 자가 되신 것이다.

6. '하늘에 있는 것의 모형과 그림자'는 무엇을 가리킵니까?(5절)

*모형(헬. 휘포테이아): 어떤 것을 연상시키는 부호, 묘사, 표현, 형상, 사본, 예, 전형, 모사물, 경고물/ *그림자(헬. 스키아): 그늘 또는 그림자 (문자적으로 또는 상징적으로) 실책이나 전조를 의미하는 어두움.

적용 질문

1. 우리를 위한 대제사장이 존재하는 사실이 당신에게 주는 은혜는 무엇인지 나누어 보십시오.

2. 친히 속죄제물이 되신 예수 그리스도께 헌신을 다짐해 보십시오.

____

____

▣ 적용을 위한 글

옛 언약의 대제사장직은 그 담당자나 제물이나 섬기는 장소가 하늘의 참 장막에 대한 모형으로서의 그림자일 뿐이었습니다. 아론의 대제사장직의 근거가 되는 옛 언약 자체도 예표적이며 한시적입니다. 그러므로 완전한 새 언약에 근거한 실체이신 예수 그리스도 대제사장의 출현은 필연적이었습니다. 우리의 주님은 자신을 직접 예물로 드리신 후에 하늘에 오르사 하나님의 위엄과 능력의 우편에 앉아 계시면서 하늘의 참 장막을 거룩한 대제사장으로서 부리고 계십니다. 주님은 하나님의 아들의 신분을 가지셨기 때문에 그분이 하시는 일은 지상의 제사장과는 본질적으로 다릅니다. 우리는 하늘에 오르사 참 제사장의 직분을 감당하고 계신 예수님을 따라야 합니다. 그분만을 바라보고 신뢰해야 합니다.

2

더 아름다운, 더 좋은

▶ 본문 : 히브리서 8:6~13　　　▶ 요절 : 히브리서 8:6

**6 그러나 이제 그는 더 아름다운 직분을 얻으셨으니 그는 더 좋은
약속으로 세우신 더 좋은 언약의 중보자시라** 7 저 첫 언약이 무흠
하였더라면 둘째 것을 요구할 일이 없었으려니와 8 그들의 잘못을
지적하여 말씀하시되 주께서 이르시되 볼지어다 날이 이르리니
내가 이스라엘 집과 유다 집과 더불어 새 언약을 맺으리라 9 또 주
께서 이르시기를 이 언약은 내가 그들의 열조의 손을 잡고 애굽 땅
에서 인도하여 내던 날에 그들과 맺은 언약과 같지 아니하도다 그
들은 내 언약 안에 머물러 있지 아니하므로 내가 그들을 돌보지 아
니하였노라 10 또 주께서 이르시되 그 날 후에 내가 이스라엘 집
과 맺을 언약은 이것이니 내 법을 그들의 생각에 두고 그들의 마음
에 이것을 기록하리라 나는 그들에게 하나님이 되고 그들은 내게
백성이 되리라 11 또 각각 자기 나라 사람과 각각 자기 형제를 가
르쳐 이르기를 주를 알라 하지 아니할 것은 그들이 작은 자로부터
큰 자까지 다 나를 앎이라 12 내가 그들의 불의를 긍휼히 여기고
그들의 죄를 다시 기억하지 아니하리라 하셨느니라 13 새 언약이
라 말씀하셨으매 첫 것은 낡아지게 하신 것이니 낡아지고 쇠하는
것은 없어져 가는 것이니라

▣ 도입을 위한 글

성경은 예수님께서 아무도 해결할 수 없는 죄의 유전을 몸소 떠맡으셨다고 말합니다. 예수님은 죄인을 성도로 부르시기 위해 하나님에 의해 죄인이 되셨습니다. 주님은 세상 죄를 보시고 불쌍히 여기시는 것에 그치지 않으셨습니다. 그분은 인류의 엄청난 죄를 당신의 몸으로 친히 감당하셨습니다. 죄와는 전혀 관련 없으신 주님께서 우리를 대신하여 죄인이 되신 것은 인류를 죄에서 구원하여 하늘나라의 기초를 세워 놓기 위해서입니다. 예수 그리스도는 인류를 새로이 창조하셨습니다. 그는 하나님이 원래 의도하신 곳에 인류를 되돌려 놓고 누구든지 십자가의 희생을 통해 하나님과 하나가 되도록 하셨습니다.

– 오스왈드 챔버스, 「오스왈드 챔버스의 매일묵상」

도입을 위한 질문

1. 당신을 위한 유일한 중보자는 누구입니까?

____

____

2. 당신에게 하나님의 언약이 필요한 이유는 무엇입니까?

본문 질문

1. 예수 그리스도께서 얻으신 직분의 특징을 써 보십시오(6절).

*더 아름다운(헬. 디압호로스): 변화하는, 능가하는, 다른 갖가지의, 더욱, 뛰어난.

*직분은 봉사, 사역, 직무.

*중보자(헬. 메시테스): 둘 사이에 평화와 우정을 회복시키거나 협약을 이루도록, 또는 언약을 승인하도록 중재하는 사람, 전달의 수단, 중재자.

2. '첫 언약'과 '둘째 것'은 각각 무엇을 의미합니까?(7절)

*새 언약과 비교할 때, 옛 언약은 첫 번째 언약이며, 새 언약은 두 번째 언약이다(출 19:3~8; 신 6:1~3; 막 14:24; 요 19:30).

3. 하나님은 언제, 누구와 더불어 새 언약을 세우겠다고 하셨습니까?(8절)

*'날이 이르리니'는 예레미야 선지자가 즐겨 쓴 말이다(렘 30:3, 31:27, 31, 38).

4. 옛 언약과 새 언약의 차이점은 무엇입니까?(9절)

*하나님께서 예레미야 선지자를 통해 새 언약, 곧 두 번째 언약에 대해 예언하신 것을 보면 첫 번째 언약은 흠이 있는 불완전한 것임이 드러난다. 이 예언된 새 언약이 예수 그리스도께서 오셔서 이루신 언약이었다.

5. 새 언약의 특징을 설명해 보십시오(10-12절).

*예언된 새 언약의 특징은 네 가지이다.

6. 옛 언약은 어떻게 된다고 말씀합니까?(13절)

*'낡아지게 하신 것이니(헬. 팔라이오오): 구식이 되게 하다, 오래되다, 낡아지다, 오래돼서 폐지되어야 할 것이라고 단언하다.

적용 질문

1. 새 언약이 우리에게 주는 참된 소망은 무엇입니까?

2. 더 좋은 언약의 중보자이신 예수 그리스도께 드리는 감사를 써 보십시오.

▣ 적용을 위한 글

새 언약은 옛 언약과 의식과 내용에서 전혀 다릅니다. 첫째, 그 법이 돌비석에 기록되지 않고 우리의 마음과 생각에 기록되게 하심으로 내면적입니다. 둘째, 하나님과 백성 간의 확고부동한 관계를 이루셨습니다. 셋째, 종족과 지위를 초월해서 하나님을 알 수 있도록 막힌 담을 허셨습니다. 넷째, 긍휼히 여기사 죄를 용서하시고 다시는 기억하지 아니하시는 속죄 효력의 완전성 때문에 희생제사의 반복이 필요하지 않게 되었습니다. 이렇게 외적인 제사적 옛 언약은 없어지고, 예수 그리스도께서 완성하신 내적이며 영적인 새 언약이 완성되었습니다. 이것은 참 장막의 대제사장으로 계시는 예수 그리스도를 믿는 성도들에게는 참 소망이 아닐 수 없습니다. 그러므로 우리는 새 언약의 중보자이신 예수 그리스도의 은혜로 성숙한 신앙생활을 해야 합니다.

3 불완전한 첫 언약

▶ 본문 : 히브리서 9:1~10 ▶ 요절 : 히브리서 9:10

1 첫 언약에도 섬기는 예법과 세상에 속한 성소가 있더라 **2** 예비
한 첫 장막이 있고 그 안에 등잔대와 상과 진설병이 있으니 이는
성소라 일컫고 **3** 또 둘째 휘장 뒤에 있는 장막을 지성소라 일컫나
니 **4** 금 향로와 사면을 금으로 싼 언약궤가 있고 그 안에 만나를
담은 금 항아리와 아론의 싹난 지팡이와 언약의 돌판들이 있고 **5**
그 위에 속죄소를 덮는 영광의 그룹들이 있으니 이것들에 관하여
는 이제 낱낱이 말할 수 없노라 **6** 이 모든 것을 이같이 예비하였으
니 제사장들이 항상 첫 장막에 들어가 섬기는 예식을 행하고 **7** 오
직 둘째 장막은 대제사장이 홀로 일 년에 한 번 들어가되 자기와
백성의 허물을 위하여 드리는 피 없이는 아니하나니 **8** 성령이 이
로써 보이신 것은 첫 장막이 서 있을 동안에는 성소에 들어가는 길
이 아직 나타나지 아니한 것이라 **9** 이 장막은 현재까지의 비유니
이에 따라 드리는 예물과 제사는 섬기는 자를 그 양심상 온전하게
할 수 없나니 **10 이런 것은 먹고 마시는 것과 여러 가지 씻는 것과
함께 육체의 예법일 뿐이며 개혁할 때까지 맡겨 둔 것이니라**

▣ 도입을 위한 글

신약의 예배는 우리의 희생을 가져다가 하나님께 드리는 제사가 아니라, 부활하여 산 생명을 의지하고 하나님께 나가 산 제사를 드리는 것이다. 예배를 삶에서 가장 중요한 것으로 여기면서 살아가는 것이 바로 성도의 모습이다. 인간은 예배할 때 가장 인간다운 본연의 모습을 발견할 수 있으며, 예배드릴 때 가장 능력이 충만한 존재가 될 수 있다. 하나님이 원하시는 그리스도인의 삶의 원형은 예배이며, 구약시대에는 이 예배의 모형으로 제사를 드렸다. 레위기에 나오는 5대 제사는 우리가 하나님 앞에 어떻게 예배해야 할지에 대한 원리를 담고 있다. 그러나 이는 비유일 뿐 결코 실상은 아니며, 장차 오실 그리스도에 대한 예표요 그림자에 불과하다. 마침내 실상이신 예수께서 오셔서 피흘려 죽으심으로 단번에 구약의 제사를 완성하셨다. 이제 예수 그리스도로 말미암아 하나님 앞에 나아가 예배하는 성도는 짐승을 죽여 제물로 삼아 드리는 것이 아니라 살아 있는 자신의 몸을 거룩한 산 제사로 드린다. 성경은 "그러므로 형제들아 내가 하나님의 모든 자비하심으로 너희를 권하노니 너희 몸을 하나님이 기뻐하시는 거룩한 산 제물로 드리라 이는 너희가 드릴 영적 예배니라"(롬 12:1)라고 말씀하신다.

– 정동수, 「구약의 제사와 신약의 산 제사」

도입을 위한 질문

1. 구약시대에 제사를 드리는 데 있어서 필요한 것들은 무엇이었습니까?

2. 구약제사와 오늘날의 예배와의 분명한 차이점은 무엇입니까?

본문 질문

1. 첫 언약은 무엇을 의미합니까?(1절)

*이스라엘 백성들이 하나님께 받은 첫 언약의 근간인 율법은 크게 도덕법(moral law)과 시민법(civil law), 의식법(ritual law)으로 이루어져 있었다.

2. 성소에는 어떤 기구들이 있습니까?(2절)

*등대는 예수 그리스도께서 세상의 빛이심을 나타낸다. 상 위에 여섯 개씩 두 줄로 쌓아놓은 떡(진설병 陳設餠)들이 있었다. 이것은 예수께서 세상을 위한 생명의 떡이 되심을 암시한다.

3. 성소의 구조에 대해서 설명해 보십시오(2-3절).

*성소(헬. 하기오스): 거룩한 곳, 성전 및 그 이전의 형태인 성막, 혹은 그중의 일부를 가리킨다(출 25:8, 대상 22:19, 히 9:2 기타). 극히 초기에는 야곱이 벧엘에서 경험한 대로, 하나님께서 현현하신 장소에 성소가 세워졌다(창 28:18~22).

4. 지성소에는 어떠한 것들이 있습니까?(4-5절)

*둘째 휘장을 통해 들어가는 두 번째 부분은 '지성소'라고 부른다.

5. 첫 장막과 둘째 장막에 모두 들어갈 수 있는 사람은 누구입니까? 둘째 장막에 들어가기 위해 준비된 것은 무엇입니까?(6-7절)

*구약의 성막 제도의 의하면, 제사장들은 보통 성소에 들어가 제물의 피를 뿌렸다. 그러나 대제사장은 유대의 달력으로 7월 10일 속죄일에 1년에 한 번, 지성소(3번)에 들어갔다(레 16:12~15).

6. 첫 장막이 가진 한계점은 무엇입니까?(8-10절)

*개혁(헬. 디올도시스): 철저하게 바로잡다, 교정, 메시야적 회복, 개혁.

적용 질문

1. 첫 언약의 불완전함의 원인은 무엇입니까?

2. 그리스도의 십자가가 없었다면 오늘날 우리의 예배는 어떤 모습일까요?

▫ 적용을 위한 글

첫 장막 성소에는 제사장이 매일 아침 저녁으로 드나들었지만 지성소에는 대속죄일에 대제사장만이 제물의 피를 가지고 들어가서 자신과 백성들의 죄를 속했습니다. 이것은 반복적으로 드려야 하는 불완전한 제사였습니다. 이런 육체적인 예법은 예수 그리스도가 십자가에서 제물로 드려질 때 성소의 휘장이 갈라지면서 다 이루게 되었습니다. 성막의 모든 기구와 제사와 의식은 모두 예수 그리스도의 십자가의 구속을 예표합니다. 우리는 이런 제사 의식과 예법을 통해 예수 그리스도 안에서 주어진 참된 구원의 기쁨이 얼마나 값진 것이고 놀라운지 깨달아야 합니다.

영원한 기업을 약속하신 하나님

4

▶ 본문 : 히브리서 9:11~15 ▶ 요절 : 히브리서 9:15

11 그리스도께서는 장래 좋은 일의 대제사장으로 오사 손으로 짓
지 아니한 것 곧 이 창조에 속하지 아니한 더 크고 온전한 장막으
로 말미암아 **12** 염소와 송아지의 피로 하지 아니하고 오직 자기의
피로 영원한 속죄를 이루사 단번에 성소에 들어가셨느니라 **13** 염
소와 황소의 피와 및 암송아지의 재를 부정한 자에게 뿌려 그 육체
를 정결하게 하여 거룩하게 하거든 **14** 하물며 영원하신 성령으로
말미암아 흠 없는 자기를 하나님께 드린 그리스도의 피가 어찌 너
희 양심을 죽은 행실에서 깨끗하게 하고 살아 계신 하나님을 섬기
게 하지 못하겠느냐 **15 이로 말미암아 그는 새 언약의 중보자시니
이는 첫 언약 때에 범한 죄에서 속량하려고 죽으사 부르심을 입은
자로 하여금 영원한 기업의 약속을 얻게 하려 하심이라**

▣ 도입을 위한 글

이 땅의 모든 것들은 유한하다. 그런데 사람들은 유한한 이 세상에서 무언가를 해 보겠다고 아우성이다. 돈을 벌겠다고, 명예와 권력을 얻겠다고 물불을 가리지 않는다. 친구의 우정도 가족의 사랑도 없다. 오직 성공과

자기 만족을 위해서 산다. 물론 모든 사람들이 다 그런 것은 아니다. 그런데 비교적 착하게 사는 사람들의 미래도 그다지 밝지 않다. 왜냐하면 영원한 생명을 얻을 수 있는 길은 오직 예수 그리스도를 통해서만 가능하기 때문이다. 예수 그리스도께서 흘리신 보혈의 공로를 믿고, 그를 힘입어 나아가는 자들에게만 하나님은 영원한 기업을 보증하여 주신다. 안락한 노후, 행복한 미래를 꿈꾸는 자들이여! 예수 그리스도를 믿으라!

– 양재웅, 「묵상노트」

도입을 위한 질문

1. 현재 당신이 가입한 보험혜택과 주님의 보증을 비교해 보십시오.

___

___

2. 아름다운 미래를 준비하기 위해서 당신에게 시급한 일은 무엇입니까?

___

___

본문 질문

1. '장래 좋은 일', '창조에 속하지 아니한 더 크고 온전한 장막'은 무엇을 의미합니까?(11절)

*장래 좋은 일(헬. 기노마이 아가도스): 구약에 비추어 말씀한 것으로서 신약 시대에 이루어질 일을 가리킨다. 지금은 그리스도께서 오셨으므로 이미 이루어진 일이다.

*장막(헬. 스케네): (문자적 또는 상징적으로) 천막, 초막, 거처, 방막, 이동식 하나님의 성전으로 알려진 성막.

2. 예수님께서 이 땅에 오셨던 때의 직분과 하신 일은 무엇입니까?(11-12절)

*그리스도께서는 구약의 아론의 자손 제사장들과 달리 신약 시대에 주실 일, 즉 구약의 모형적인 것을 성취할 참된 속죄사역의 일을 위해 세상에 대제사장으로 오셨고 그의 하실 일을 성취하셨다.

3. 영원한 속죄를 가능하게 한 것은 무엇입니까?(12절)

*속죄(헬. 뤼트로시스): 구속함, (상징적으로) 속죄한, 구속, 죄의 형벌로부터의 구원.

4. 구약제도와 비교할 때 그리스도의 속죄사역의 탁월함은 무엇입니까?(13-14절)

*'영원하신 성령'은 예수 그리스도의 신성(神性)을 의미한다. '흠 없는 자기를 드린'은 그리스도의 무죄성(無罪性)을 말한다.

5. 새 언약의 중보자가 하신 일과 그 결과를 써 보십시오(15절).

*부르심을 입은 자들은 회개하고 구원 얻은 자들로서, 이들은 영원한 기업 곧 천국의 약속을 얻는다. 영원한 나라, 영생의 나라인 천국은 구원의 목표이다.

적용 질문

1. 신자들에게 영원한 기업을 약속하시는 하나님의 보증은 누구입니까?

2. 그리스도의 피의 능력에 대해서 나누어 보십시오.

▣ 적용을 위한 글

영원한 기업을 약속하신 하나님은 예수 그리스도의 피를 요구하셨습니다. 그리스도께서 하나님의 뜻에 순종하여 십자가에서 죽지 않으셨다면 영원한 기업의 약속은 없을 것입니다. 예수님은 장래에 있을 좋은 일을 위해 이 땅에 대제사장으로 오셨습니다. 대제사장으로 오신 예수님은 단번에 자신을 속죄의 제물로 드림으로 영원한 속죄를 이루시고 성소에 들어가셨습니다. 아더 핑크는 아론과 비교하여 대제사장이신 예수님의 탁월함을 다음과 같이 말합니다. "그리스도는 더 아름다운 장막에서 섬겼으며(11절), 더 훌륭한 제사를 드렸다(12절). 그는 더 영광스러운 성소에 들어가셨고(12절), 더 효력있는 구속을 이루셨다. 탁월한 성령으로 감동받으시고(14절), 자기 백성을 더 정결하게 하셨습니다(14절). 그는 자기 백성들이 하나님을 더 잘 섬기도록 했으며(14절), 마침내 영원한 구속을 이루셨습니다(15절)." 우리의 대제사장이 되시는 예수님은 우리의 구원에 있어 온전한 선물을 주셨습니다. 그러므로 누구든지 그리스도 안에 있으면 더 좋은 기업을 약속 받게 됩니다. 이것이 참된 은혜입니다. 이 은혜의 약속을 주시는 분이 누구십니까? 예수 그리스도이십니다. 예수 그리스도의 십자가 자체가 영원한 기업의 약속이 됩니다.

5 언약의 피라

▶ 본문 : 히브리서 9:16~28 ▶ 요절 : 히브리서 9:20

16 유언은 유언한 자가 죽어야 되나니 **17** 유언은 그 사람이 죽은 후에야
유효한즉 유언한 자가 살아 있는 동안에는 효력이 없느니라 **18** 이러므
로 첫 언약도 피없이 세운 것이 아니니 **19** 모세가 율법대로 모든 계명을
온 백성에게 말한 후에 송아지와 염소의 피 및 물과 붉은 양털과 우슬초
를 취하여 그 두루마리와 온 백성에게 뿌리며 **20 이르되 이는 하나님이
너희에게 명하신 언약의 피라 하고** **21** 또한 이와 같이 피를 장막과 섬기
는 일에 쓰는 모든 그릇에 뿌렸느니라 **22** 율법을 따라 거의 모든 물건
이 피로써 정결하게 되나니 피흘림이 없은즉 사함이 없느니라 **23** 그러
므로 하늘에 있는 것들의 모형은 이런 것들로써 정결하게 할 필요가 있
었으나 하늘에 있는 그것들은 이런 것들보다 더 좋은 제물로 할지니라
24 그리스도께서는 참 것의 그림자인 손으로 만든 성소에 들어가지 아
니하시고 바로 그 하늘에 들어가사 이제 우리를 위하여 하나님 앞에 나
타나시고 **25** 대제사장이 해마다 다른 것의 피로써 성소에 들어가는 것
같이 자주 자기를 드리려고 아니하실지니 **26** 그리하면 그가 세상을 창
조한 때부터 자주 고난을 받았어야 할 것이로되 이제 자기를 단번에 제
물로 드려 죄를 없이 하시려고 세상 끝에 나타나셨느니라 **27** 한번 죽는
것은 사람에게 정해진 것이요 그 후에는 심판이 있으리니 **28** 이와 같이
그리스도도 많은 사람의 죄를 담당하시려고 단번에 드리신 바 되셨고
구원에 이르게 하기 위하여 죄와 상관없이 자기를 바라는 자들에게 두
번째 나타나시리라

▣ 도입을 위한 글

옛날 어떤 마을에 한 지주가 있었다. 어느 날 그는 금고에 넣어둔 보물을 도둑맞게 되었는데, 그는 흥분한 나머지 자신이 거느리고 있던 종을 도둑놈으로 몰게 되었다. 그는 시비를 가리는 재판의 절차도 밟지 않고 자기 마음대로 재판하여 종의 손을 잘라 내도록 명령하고 종을 마을 밖으로 추방해 버렸다. 그런데 그 후에 이 주인이 사냥을 하다가 밀림 속에서 길을 잃게 되었다. 그래서 도움을 구하려고 어느 초막으로 들어갔더니 거기에는 바로 자신이 손을 자른 종이 앉아 있었다. 그는 복수를 당할까봐 겁을 냈다. 그러나 종은 웃으며 그를 맞았다. "나는 그리스도인이 되었소. 복수하지 않을 테니 겁내지 마시오. 나는 나를 구원하신 예수 그리스도로부터 원수를 사랑하라는 교훈을 받았소." 그리스도의 십자가는 하나님의 사랑을 보장하는 최고의 상징이다. 우리는 다른 사람의 잘못을 용서함으로써 우리의 죄를 사함 받을 수 있고 또한 하나님과 화목할 수 있다.

– 미션소프트, 「예화사전」

도입을 위한 질문

1. 현재 당신이 용서하지 못하는 사람들이 있다면 그 이유를 생각해 보십시오.

2. 십자가의 공로로 죄씻음을 받은 당신이 할 일은 무엇입니까?

본문 질문

1. 그리스도께서 죽으심으로 속죄사역을 이루신 까닭은 무엇입니까?(16-17절) *유언은 언약(15절)과 동일한 말이다.

2. 첫 언약이 세워진 과정을 설명해 보십시오(18-21절).
*출애굽한 이스라엘 백성과 맺으셨던 첫 언약은 모세를 통하여 세워졌다(출 24:3~8).

3. 피흘림이 없이는 사함도 없었던 이유는 무엇입니까?(22절)
*레 17:11 "육체의 생명은 피에 있음이라 내가 이 피를 너희에게 주어 제단에 뿌려 너희의 생명을 위하여 속죄하게 하였나니 생명이 피에 있으므로 피가 죄를 속하느니라."

4. '더 좋은 제물'이 의미하는 것은 무엇입니까?(23절)

*더 좋은 제물(헬. 크레잇톤 뒤시아): 더 유용한(더 오래가는, 더 이로운) 희생(제물).

*구약 제도는 하늘의 원형에 대한 모형에 불과하였고, 짐승의 피뿌림도 장차 이루어질 완전한 제사에 대한 그림자와 상징에 불과하였다.

5. 예수 그리스도께서 '손으로 만든 성소'가 아닌 '그 하늘'에 들어가신 이유는 무엇입니까?(24절)

*손으로 만든 지상 성소에서 드리는 제사장들의 예물과 제사는 인간의 양심을 온전하게 할 수 없다.

6. 마지막 때에 세상 모든 사람이 피할 수 없는 분명한 사실은 무엇입니까?(27절) *죽음은 모든 사람에게 보편적이며 죽음 후에는 하나님의 심판이 있다.

7. 예수 그리스도의 초림과 재림의 목적에 나타난 차이점은 무엇입니까?(27–28절)

* 두 번째(헬. 듀테로스): (시간, 장소, 지위) 두 번째, 그 후에, 다시, 두 번(째) 고전 15:47; 고후 13:2. /*초림하여 인간의 죄를 속하기 위한 구속 사역을 성취하신 그리스도께서는 장차 자

신의 대속 사역에 근거, 믿는 자들을 영생으로 인도하시기 위해 이 땅에 다시 오실 것이다.

적용 질문

1. 예수 그리스도의 초림의 은총과 재림의 소망에 대해서 나누어 보십시오.

2. 한 번 죽는 것은 사람에게 정하신 것이요, 그 후에는 심판이 있습니다. 당신은 어떤 죽음을 맞이하고 싶은지 나누어 보십시오.

▣ 적용을 위한 글

피흘림이 없으면 사함이 없기에 실체이신 예수 그리스도가 오시기까지는 참 것의 그림자로서 피흘림의 제사를 드려야만 했습니다. 죄악된 세상 애굽에서 이스라엘 백성을 구출하신 하나님께서 모세에게 시내산에서 주신 언약서를 백성들에게 낭독하게 하시고 번제와 화목제의 피를 백성에게 뿌리며 백성들과 맺으신 효력있는 피입니다. 그러나 이 동물의 피를 힘입어 성소에 들어가는 것은 하늘에 있는 것들의 모형이요, 참 것의 그림자인 손으로 만든 성소에만 들어갈 수 있는 반복적인 것이며, 한시적인 효력을 가진 것이었습니다. 동물의 피도 부정한 자를 정결하게 하고 거룩하게 하지만 그리스도의 피는 더 좋은 제물로서 단번에 완전한 속죄를 이루는 능력이 있었습니다. 예수 그리스도는 영원하신 성령으로 말미암아 자신의 피로, 직접 하늘의 참 장막에 들어가셨습니다. 그 피는 우리가 양심으로 죽은 행실에서 깨끗케 하시고, 살아계신 하나님을 능히 섬기게 할 수 있는 효력과 능력을 가진 피입니다. 그러므로 이제 우리는 더 이상 매년마다 자주 피를 흘릴 필요가 없게 되었습니다. 하나님의 아들이 더 좋은 완전한 제물로 오셨기 때문입니다.

6 영원한 제사를 드린 예수 그리스도

▶ 본문 : 히브리서 10:1~18　　▶ 요절 : 히브리서 10:12

1 율법은 장차 올 좋은 일의 그림자일 뿐이요 참 형상이 아니므로
해마다 늘 드리는 같은 제사로는 나아오는 자들을 언제나 온전하
게 할 수 없느니라 **2** 그렇지 아니하면 섬기는 자들이 단번에 정결
하게 되어 다시 죄를 깨닫는 일이 없으리니 어찌 제사 드리는 일을
그치지 아니하였으리요 **3** 그러나 이 제사들에는 해마다 죄를 기
억하게 하는 것이 있나니 **4** 이는 황소와 염소의 피가 능히 죄를 없
이 하지 못함이라 **5** 그러므로 주께서 세상에 임하실 때에 이르시
되 하나님이 제사와 예물을 원하지 아니하시고 오직 나를 위하여
한 몸을 예비하셨도다 **6** 번제와 속죄제는 기뻐하지 아니하시나니
7 이에 내가 말하기를 하나님이여 보시옵소서 두루마리 책에 나를
가리켜 기록된 것과 같이 하나님의 뜻을 행하러 왔나이다 하셨느
니라 **8** 위에 말씀하시기를 주께서는 제사와 예물과 번제와 속죄제
는 원하지도 아니하고 기뻐하지도 아니하신다 하셨고 (이는 다 율
법을 따라 드리는 것이라) **9** 그 후에 말씀하시기를 보시옵소서 내
가 하나님의 뜻을 행하러 왔나이다 하셨으니 그 첫째 것을 폐하심
은 둘째 것을 세우려 하심이라 **10** 이 뜻을 따라 예수 그리스도의
몸을 단번에 드리심으로 말미암아 우리가 거룩함을 얻었노라 **11**
제사장마다 매일 서서 섬기며 자주 같은 제사를 드리되 이 제사는
언제나 죄를 없게 하지 못하거니와 **12 오직 그리스도는 죄를 위하**

여 한 영원한 제사를 드리시고 하나님 우편에 앉으사 13 그 후에
자기 원수들을 자기 발등상이 되게 하실 때까지 기다리시나니 14
그가 거룩하게 된 자들을 한 번의 제사로 영원히 온전하게 하셨느
니라 15 또한 성령이 우리에게 증언하시되 16 주께서 이르시되 그
날 후로는 그들과 맺을 언약이 이것이라 하시고 내 법을 그들의 마
음에 두고 그들의 생각에 기록하리라 하신 후에 17 또 그들의 죄와
그들의 불법을 내가 다시 기억하지 아니하리라 하셨으니 18 이것
들을 사하셨은즉 다시 죄를 위하여 제사 드릴 것이 없느니라

▣ 도입을 위한 글

'예수님께서 친히 우리의 죗값을 치러주시므로, 인간 스스로의 능력으로는 결코 벗어날 수 없는 본질적인 죄의 굴레를 끊어버리셨다. 예수님께서는 바로 이 일을 위해 오셨고 십자가 위에서 그 일을 다 이루셨다.' 예수님은 사망으로 이르는 죄의 결말로부터 영원한 생명으로 향하는 길을 허락하셨다. 주님의 십자가 사랑으로 우리는 유한한 죽음의 굴레에서 벗어나 새 생명을 누리는 은혜를 입게 된 것이다. 우리의 죄를 대속하기 위해 스스로 십자가 고통을 당하시고 새로운 생명을 주시기 위해 무덤을 깨뜨리고 다시 사신 예수님을 바라보자. 온전한 속죄제물로 자신의 몸을 내어주신 십자가의 은혜를 찬송하자.

– 이재철, 「새신자반–그리스도 안에서 새로운 삶」

도입을 위한 질문

1. 영원한 제사에 필요한 제물은 무엇입니까?

2. 원죄의 심각성에 대해서 나누어 보십시오.

본문 질문

1. 율법을 따른 제사가 갖는 한계는 무엇일까요?(1-2절)

*율법(헬. 노모스): 넓은 의미에선 모세의 율법 전체를 가리키지만, 여기서는 보다 좁은 의미에서 제사에 관한 규례를 가리킨다.

2. 율법을 따른 제사가 인간에게 준 유익은 무엇입니까?(3절)

*기억하게 하는 것이 있나니(헬. 아남네시스): 회상, (다시) 기억(눅 22:19), memory, reminder.

3. '세상에 임하실 때'는 언제를 가리키는 말입니까?(5절)

*임하실 때(헬. 에이셀코마이): 나가거나 들어가다, 입장하다, 은유–어떤 상태에 들어가다.

4. 하나님께서 원하지도 않고, 기뻐하지도 않으시는 것은 무엇일까요?(4–8절)

*본문은 구약의 시편 40:6~8의 「70인 헬라역」을 인용한 것이다. 이것은 우리의 히브리어 구약 성경 본문과 조금 다르다.

5. 그렇다면 하나님께서 진정으로 원하시는 것은 무엇일까요?(9–11절)

*거룩함을 얻었노라: 하나님께 나갈 수 있을 만큼 완벽하고 정결하다.

6. 제사장의 제사와 그리스도의 제사의 차이점은 무엇일까요?(11–14절)

*구약 제사장들이 드렸던 제사들은 '언제나', 정확히 번역하면 '결코'(헬. 우데포테) 죄를 없게 하지 못했다. 그러나 그리스도께서는 우리의 죄를 위하여 한 영원한 제사, 곧 속죄제사를 드리셨다.

7. 성령을 통하여 주신 새 언약의 내용을 살펴보십시오(15-18절, 렘 31:33-34 참조).

*구원받은 성도의 삶은 이제 외적 율법에 따라 사는 것이 아니고 예수 그리스도의 완전한 의(義) 안에서 성령의 법으로 살고, 우리 마음과 생각에 심으신 법으로 산다.

____

____

적용 질문

1. '제사 드릴 것은 없다'(18절)는 말은 예배가 필요없다는 말입니까? 그렇지 않다면 그 의미는 무엇입니까?

____

____

2. 성령을 따라 자유를 누리는 삶은 어떤 삶인지 나누어 보십시오.

____

____

▣ 적용을 위한 글

예수 그리스도께서 하나님의 뜻을 성취하시기 위해 이 땅에 복음의 핵심으로 말세에 오셨습니다. 히브리서 기자는 한몸을 이미 예비하신 하나님의 계획에 대해서 다윗의 시(시 40:6-8)를 인용하여 확실한 근거를 말하고 있습니다. 예수 그리스도께서 십자가에서 단번에 한 영원한 제사를 드리심으로 율법을 성취하시고, 우리를 거룩케 하사 그 효력이 영원하며 범위가 완전한 제사를 지내신 것은 우연이 아닙니다. 이 역사적인 사건은 하나님의 의지적, 이성적, 자발적인 계획에 의한 것으로 주님은 자발적으로 속죄사역을 완성하신 후 하나님 우편에 앉아 대제사장이 되셨습니다. 하나님은 죄인들이 하나님 앞에 나올 수 있도록 구속 사역을 완벽히 완성하셨고, 계속해서 우리를 성화의 과정 속에 있게 하십니다. 예레미야의 예언대로(렘 31:31-34) 새언약 안에서 복음을 마음과 생각에 기록받은 것입니다. 우리는 이제 용서받은 죄와 불법을 다시 기억할 필요도, 다시 사죄를 위해 제사를 드릴 필요도 없습니다. 주님께서 온전히 이루신 영원한 속죄에 감사와 찬양을 드리면 됩니다.

7 새로운 살 길

▶ 본문 : 히브리서 10:19~31 ▶ 요절 : 히브리서 10:20

19 그러므로 형제들아 우리가 예수의 피를 힘입어 성소에 들어갈
담력을 얻었나니 **20 그 길은 우리를 위하여 휘장 가운데로 열어
놓으신 새로운 살 길이요 휘장은 곧 그의 육체니라** **21** 또 하나님
의 집 다스리는 큰 제사장이 계시매 **22** 우리가 마음에 뿌림을 받
아 악한 양심으로부터 벗어나고 몸은 맑은 물로 씻음을 받았으니
참 마음과 온전한 믿음으로 하나님께 나아가자 **23** 또 약속하신 이
는 미쁘시니 우리가 믿는 도리의 소망을 움직이지 말며 굳게 잡고
24 서로 돌아보아 사랑과 선행을 격려하며 **25** 모이기를 폐하는
어떤 사람들의 습관과 같이 하지 말고 오직 권하여 그 날이 가까움
을 볼수록 더욱 그리하자 **26** 우리가 진리를 아는 지식을 받은 후
짐짓 죄를 범한즉 다시 속죄하는 제사가 없고 **27** 오직 무서운 마
음으로 심판을 기다리는 것과 대적하는 자를 태울 맹렬한 불만 있
으리라 **28** 모세의 법을 폐한 자도 두세 증인으로 말미암아 불쌍히
여김을 받지 못하고 죽었거든 **29** 하물며 하나님의 아들을 짓밟고
자기를 거룩하게 한 언약의 피를 부정한 것으로 여기고 은혜의 성
령을 욕되게 하는 자가 당연히 받을 형벌은 얼마나 더 무겁겠느냐
너희는 생각하라 **30** 원수 갚는 것이 내게 있으니 내가 갚으리라
하시고 또 다시 주께서 그의 백성을 심판하리라 말씀하신 것을 우
리가 아노니 **31** 살아 계신 하나님의 손에 빠져 들어가는 것이 무
서울진저

▣ 도입을 위한 글

무슨 일이든 미치지 않고서는 큰일을 해낼 수 없다. 자신이 하는 일에 정신이 빠져서 몰아(沒我)의 경지에 이르지 않고 큰일을 이루기 바란다면 그것은 너무 낭만적인 생각이다. 제정신이 아니어야 성공할 수 있다. 호랑이에게 물려가도 정신만 차리면 산다지만 사실 호랑이에게 물려가서 제정신으로는 살아나오지 못한다. 죽기 살기로 미친 듯이 호랑이에게 달려들어야 살아나올 수 있다. '미친다'는 것은 하나를 얻고자 하는 '집중'의 다른 이름이다. 이러한 집중은 또한 깊이를 말한다. 그 누구의 손길도 닿지 않는 깊이에 성공이란 금광이 있다. 오다가다 금광을 발견하길 바란다면 그것은 헛된 꿈에 지나지 않는다. 잠시 이곳 저곳를 헤집어 보아서는 금광을 찾아내지 못한다. 불광불급(不狂不及)이라 하여 미치지 않고서는 다다를 수 없는 깊이에 번쩍이는 금광이 있는 것이다. 시작이 반이라면 생각은 그 나머지 반이다. 사실 좋아서 미칠 수 있는 일이라면 그 일이 사회에 해악(害惡)을 끼치지 않는 일이라면 그 일에 미치도록 도와 주어야 한다. 그런데 우리는 사람들이 미칠까 봐 염려하고 걱정한다. 한 번도 미쳐보지 않은 사람은 무슨 일에 미친 듯이 집중하는 사람을 보면 두렵다. 누가 남다른 무슨 일에 도전해볼 양이면 먼저 미친 짓이라며 만류하기 바쁘다. 미치지 않고 이룰 수 있는 일은 세상에 없다.

– 노희석, 「생각을 읽으면 사람이 보인다」

도입을 위한 질문

1. 당신은 신앙생활에 열정이 있습니까? 그 열정을 어떻게 사용하고 있습니까?

2. '믿음의 길'을 정의해 보십시오.

본문 질문

1. 우리가 담대히 성소에 들어갈 수 있는 이유는 무엇입니까? 성소의 휘장은 무엇을 상징합니까?(19-20절)

*성소(헬. 하기오스)는 이 땅의 성소가 아닌 '하늘 성소', 즉 하나님의 존전(尊前)을 의미한다. 성도가 하나님께 나아가는 길은 그리스도께서 지성소 휘장 같은 자신의 육체를 찢어 열어 놓으신 '새로운 살 길'이다.

2. 참 마음과 온전한 믿음으로 하나님께 나아가기 위해 우리가 먼저 해야 할 일을 적어보십시오(21–22절).

*온전한 믿음으로(헬. 엔 플레로포리아 피스테스): 믿음의 충만한 확신. 믿음은 성도에게 있어서 가장 기본적으로 요구된다. 사람은 예수님을 믿음으로 구원을 얻는다. 믿음이 없으면 구원 받을 수 없다.

---

3. 하나님 나라가 가까울수록 구원받은 백성들은 어떠한 모습으로 살아야 합니까?(23–25절)

*굳게 잡아(헬. 카테코): 막다, 붙들다, 간직하다, 소유하다, 취하다. 성도의 소망 가운데 중요한 것들은 그리스도의 재림과 부활과 천국과 영생이다. 우리는 이 소망을 움직이지 않고 굳게 잡아야 한다. 또한 성도의 교제가 필요하다.

---

4. 진리를 아는 지식을 얻은 후에 죄를 범하면 어떻게 됩니까?(26–27절, 벧후 2:20 참조)

*성도가 믿음과 소망과 사랑을 더 굳세게, 더 풍성히 가져야 할 이유는 배교와 변절이 있을 때 하나님의 크고 두려운 심판을 받기 때문이다. *맹렬한 불(헬. 프로파시스 젤로스): 불의 진노, 진노의 불, 지옥의 불(막 9:43).

---

5. 하나님으로부터 중한 형벌을 받을 자들의 모습은 어떠합니까? (28-29절)

*구약 시대에 율법을 고의적으로 범한 자들은 두 세 증인을 인하여 불쌍히 여김을 받지 못하고 사형에 처하였다. 그렇다면 하나님의 아들 예수 그리스도의 신성을 부정하고, 짓밟고, 자신들을 거룩케 한 언약의 피, 곧 그리스도의 속죄의 피를 부정한 것으로 여기고, 은혜의 성령을 모욕하는 자들이 받을 형벌은 당연하다.

6. 하나님께서 반드시 심판하신다는 사실이 주는 교훈을 적어보십시오 (30-31절).

*하나님은 살아 계시기 때문에 하신 말씀을 반드시 이루시며, 따라서 배교하는 자는 결국 하나님의 준엄한 형벌을 받는다.

적용 질문

1. 신자들에게 열린 새로운 살 길은 누가 열어 주신 것입니까?

2. 구원받은 참 신자의 실제적인 삶을 나누어 보십시오.

____

____

▣ 적용을 위한 글

한번 진리를 아는 지식을 받은 후 곧 '한번 비침을 얻고', 죄에서 자유함을 얻은 자가 의도적으로 범죄를 짓는다면 다시는 속죄함을 받을 제사가 더 이상 없습니다. 모세의 율법을 범한 후에도 죽게 되는 것과 같이 하나님의 아들을 배신하고 거룩하게 하신 그의 피를 부정하고 은혜의 성령을 욕되게 한다면 당연히 벌을 받습니다. 성령을 훼방하는 죄는 용서받지 못합니다(마 12:31; 막 3:29). 믿음으로 살아계신 하나님의 손안에 있으면 기쁘지만, 범죄와 불신앙에 빠지면 심판이 두려울 것입니다. 우리의 악한 마음은 예수 그리스도의 보혈로 뿌림을 받았고, 우리의 더러운 몸은 맑은 물로 씻겨졌습니다. 은혜의 지성소로 들어갈 수 있도록 휘장을 찢으셔서 새로운 살 길을 열어 놓으신 예수 그리스도는 하나님의 참 장막을 다스리시는 대제사장이십니다. 우리의 소망의 고백이 되신 예수 그리스도를 바라보며 흔들리지 말고 진리로 향하는 마음과 충만한 믿음으로 하나님께 담대히 나아가십시오. 이것은 우리의 특권이며 의무입니다.

8 구원에 이르는 믿음 갖기

▶ 본문 : 히브리서 10:32~39　　▶ 요절 : 히브리서 10:39

32 전날에 너희가 빛을 받은 후에 고난의 큰 싸움을 견디어 낸 것
을 생각하라 **33** 혹은 비방과 환난으로써 사람에게 구경거리가 되
고 혹은 이런 형편에 있는 자들과 사귀는 자가 되었으니 **34** 너희
가 갇힌 자를 동정하고 너희 소유를 빼앗기는 것도 기쁘게 당한 것
은 더 낫고 영구한 소유가 있는 줄 앎이라 **35** 그러므로 너희 담대
함을 버리지 말라 이것이 큰 상을 얻게 하느니라 **36** 너희에게 인
내가 필요함은 너희가 하나님의 뜻을 행한 후에 약속하신 것을 받
기 위함이라 **37** 잠시 잠깐 후면 오실 이가 오시리니 지체하지 아
니하시리라 **38** 나의 의인은 믿음으로 말미암아 살리라 또한 뒤로
물러가면 내 마음이 그를 기뻐하지 아니하리라 하셨느니라 **39 우
리는 뒤로 물러가 멸망할 자가 아니요 오직 영혼을 구원함에 이르
는 믿음을 가진 자니라**

▣ 도입을 위한 글

이스라엘 광야에는 메추라기와 비슷한 자고새가 살고 있다. 자고새는 알에서 갓 깨어난 다른 새의 새끼를 품에 안고 키운다. 이 새는 모습이 조

금씩 다른 새끼들을 거느리고 다니며 자신의 세력을 한껏 뽐낸다. 자고새는 알에서 깨어난 새끼들을 보면 그것이 자신의 새끼인지 아니면 다른 새의 새끼인지를 구별하지 못한다. 생김새가 비슷한 것은 모두 자신의 새끼일 것이라는 반쪽의 확신에 따라 행동한다. 그러나 새끼들은 자라면서 점점 어미와 다른 모습을 보인다. 그리고 어미의 품을 떠나 다른 곳으로 훨훨 날아가 버린다. 절반의 확신이 자고새 어미에게 절망과 공허를 가져다준다. 완전히 가라앉은 배는 다른 선박의 항로를 가로막는다. 물이 반쯤 든 독은 물이 전혀 들어있지 않은 독보다 운반하기가 훨씬 어렵다. 반쪽의 진리는 무지보다 위험하다. 하나님을 반쪽만 믿는 것은 불신앙보다 더 비극적이다.

– 로뎀나무아래 선교회, 「믿음의 글」

도입을 위한 질문

1. 당신이 알고 있는 하나님과 예수님에 대해서 말해 보십시오.

____

____

2. '믿음이 있다'는 말에 대해서 정의해 보십시오.

____

____

본문 질문

1. 빛을 받은 후에 당한 고난의 큰 싸움은 구체적으로 무엇입니까?
(32–33절, 고후 4:6 참조) *빛을 받은 후(헬. 호스푸호티조): 예수를 믿는 회심의 큰 은혜를 누리는 것, 예수 그리스도를 아는 지식을 받은 후.

2. 고난받음을 기쁘게 여기고 극복할 수 있는 힘은 무엇입니까?(34절)
*원문에는 본절 초두에 '왜냐하면'이라는 말이 있다. 전통 사본의 원문을 다시 번역하면, "왜 냐하면 너희가 하늘에 더 낫고 영구한 산업이 있는 줄 알므로 나의 갇힘들을 동정하였고 너희 산업을 빼앗기는 것도 기쁘게 당하였기 때문이라."

3. 위로와 큰 상을 얻는 사람은 고난을 어떻게 맞이해야 할까요?(35절)
*담대함(헬. 파르레시아): 담대함, 확신, 히브리서 기자는 수신자들에게 과거의 일을 기억하며 믿음의 담대함과 확신을 버리지 말고 끝까지 붙잡으라고 권면하고 격려한다.
*큰 상(헬. 메가스 미스다포도시아): 믿음의 결과로 얻게 되는 구원과 천국의 영광.

4. 하나님의 약속을 받을 자가 갖추어야 할 고난에 대한 자세를 살펴보십시오(36절).

*성도의 걸음에는 인내가 필요하다. 믿음은 인내를 통해 완전하게 된다. 특히 환난의 시대에는 성도들에게 믿음과 인내가 함께 필요하다(계 13:10; 14:12).

5. 히브리서 기자가 곧 오실 재림 주를 맞이할 성도들에게 권면하는 내용을 정리해보십시오(37-38절).

*'잠시 잠깐 후'라는 표현은 인간 편에서의 표현이 아니고 주님 편에서의 표현이다.

6. 참된 그리스도인이 신앙의 여정 가운데 반드시 가져야 할 신앙의 자세는 무엇입니까?(30-31절)

*뒤로 물러가는 것은 불신앙이다. 불신앙은 멸망과 심판을 가져올 뿐이다. 그러나 믿음은 구원을 가져온다(막 16:15~16; 요 3:36).

*믿음을 가진 자(헬. 피스티스): 진리에 대한 확신, 믿음, 충성 충실, 성실(막 11:22; 롬 3:3).

적용 질문

1. 예수님이 말씀하신 믿음의 길을 써 보십시오(마 7:14 참조).

2. 믿음을 가진 자가 고난을 만났을 때 가져야 할 자세는 무엇입니까?

▣ 적용을 위한 글

이제 우리는 처음 믿을 때의 굳센 믿음을 회상하며 현재에도 미래에도 주님 오실 날까지도 믿음으로 살아야 합니다. 비방과 환난이 있을지라도, 사람들의 구경거리가 될지라도, 복음 때문에 옥에 갇히고 순교당할지라도 하늘의 소망을 기억하며 기뻐해야 합니다. 이 땅에서 재산을 몰수당해도 하늘의 더 좋은 영원한 소유물이 있음을 기억하고 기뻐해야 합니다. 이제 믿음으로 구원받은 우리는 하박국 선지자의 고백처럼 어떤 환경 속에서도 뒤로 물러가 침륜에 빠지지 않고 “믿음으로 말미암아 살리라”(38절; 합 2:4; 롬 1:17; 갈 3:11)고 고백하며 매일 기쁜 마음으로 즐겁게 살아야만 합니다.

9 믿음의 실상과 증거

▶ 본문 : 히브리서 11:1~7 ▶ 요절 : 히브리서 11:1

1 믿음은 바라는 것들의 실상이요 보이지 않는 것들의 증거니 2
선진들이 이로써 증거를 얻었느니라 **3** 믿음으로 모든 세계가 하나
님의 말씀으로 지어진 줄을 우리가 아나니 보이는 것은 나타난 것
으로 말미암아 된 것이 아니니라 **4** 믿음으로 아벨은 가인보다 더
나은 제사를 하나님께 드림으로 의로운 자라 하시는 증거를 얻었
으니 하나님이 그 예물에 대하여 증언하심이라 그가 죽었으나 그
믿음으로써 지금도 말하느니라 **5** 믿음으로 에녹은 죽음을 보지 않
고 옮겨졌으니 하나님이 그를 옮기심으로 다시 보이지 아니하였
느니라 그는 옮겨지기 전에 하나님을 기쁘시게 하는 자라 하는 증
거를 받았느니라 **6** 믿음이 없이는 하나님을 기쁘시게 하지 못하나
니 하나님께 나아가는 자는 반드시 그가 계신 것과 또한 그가 자기
를 찾는 자들에게 상 주시는 이심을 믿어야 할지니라 **7** 믿음으로
노아는 아직 보이지 않는 일에 경고하심을 받아 경외함으로 방주
를 준비하여 그 집을 구원하였으니 이로 말미암아 세상을 정죄하
고 믿음을 따르는 의의 상속자가 되었느니라

▣ 도입을 위한 글

우리는 이미 한계에 도달했다는 고정관념에 사로잡혀
허우적대는 경우가 너무나 많다.
믿음의 나래를 펴고 더 큰 미래를 보지 못한다.
하지만 하나님은 우리가 끊임없이
더 높은 단계로 자라가길 원하신다.
하나님의 지혜를 주시고
우리가 올바른 결정을 내리도록 도와주신다.
막대한 부와 승진의 기회,
참신한 아이디어, 창의력을 주고싶어 하신다.

– 조엘 오스틴, 「긍정의 힘」

도입을 위한 질문

1. 당신에게는 진실한 믿음이 있습니까? 다니엘처럼 사자굴(단 6장)에라도 들어갈 수 있는 믿음이 있는지 솔직하게 나누어 보십시오.

___

___

2. 참된 믿음을 정의해 보십시오.

본문 질문

1. 선진들은 믿음의 정의를 어떻게 내렸습니까?(1-2절, 롬 8:24 참조)

*믿음은 우리가 하나님 안에서 바라는 것들을 믿는 것인데, 그것들이 아직 이루어지지 않았음에도 불구하고 우리는 그것들을 믿는다. /*실상(헬. 휘포스타시스): 보증 또는 하나님의 약속에 대한 우리의 확신.

2. 말씀은 왜 아벨의 제사가 가인보다 더 낫다고 말하는 것일까요?(4절, 창 4:3-5 참조) *아벨의 믿음은 속죄의 믿음이었다. 가인은 땅의 소산으로 제물을 삼아 여호와께 드렸으나, 아벨은 양의 첫 새끼와 그 기름으로 드렸다.

3. 에녹은 어떻게 죽음을 보지 않고 하늘로 옮겨질 수 있었습니까?(5절, 창 5:21-24 참조)

*옮겨졌으니(헬. 메타티데미): 자리를 뒤바꾸다, 옮기다, 바꾸다, 넘어가다.

*에녹은 하나님과 동행하는 삶을 살다가 하나님이 그를 데려가시므로 죽음을 보지 않고 옮기었다.

4. 하나님께 나아가는 자가 반드시 가지고 있어야 할 믿음의 내용을 살펴보십시오(6절).

*에녹이 하나님을 기쁘시게 하여 하늘로 옮기어진 것을 보면 그 속에 믿음이 있었음을 알 수 있다는 뜻. /*상 주시는(헬. 미스다포도테스): 보상자(rewarder), 급료를 지급하는 사람.

5. 노아가 보여준 믿음은 어떤 믿음입니까?(7절)

*에녹과 비슷하게 노아도 하나님 앞에서 신실하게 살았고, 무흠한 신앙인이었고, 하나님과 동행하는 경건하고 순종하는 사람이었다.

6. 노아의 믿음은 어떤 결과를 얻었습니까?(7절)

*상속자(헬. 클레로노모스): 제비뽑기에서 이긴 자, 기업 무를 자, 소유자, 후사(heir).

적용 질문

1. 당신의 믿음의 증거를 대보십시오.

____

____

2. 에녹과 노아와 같은 믿음의 삶을 위해서 당신이 포기해야 할 것은 무엇입니까?

____

____

▣ 적용을 위한 글

믿음이란 현실에서 눈으로 볼 수는 없지만 미래의 사건을 현실에 이루어진 것처럼 확신하는 것을 말합니다. 이 믿음은 미래에 대한 소망과 기대입니다. 확신하는 자들에게는 바라는 것들이 현실의 실체가 되는 것이며, 보지 못한 것들에 대한 확실한 증거입니다. 믿음은 항상 같으나 시대와 환경에 따라 여러 모습으로 나타납니다. 아벨은 양을 잡아서 제사를 드렸고 가인은 곡식으로 하나님께 제사를 드렸습니다. 그러나 하나님께서는 아벨의 제사만을 기쁘게 받으셨습니다. 그 이유는 제물의 종류에 있었던 것이 아니라, 드리는 자의 겸손한 믿음에 있었던 것입니다. 믿음없이는 그 어떤 것도 하나님을 기쁘시게 할 수 없습니다. 보지 못한 미래의 사건을 실체로 확신하고 순종하는 믿음, 우리도 이러한 믿음을 가지고 인내하며 살아야 합니다.

10 본향을 사모하는 믿음

▶ 본문 : 히브리서 11:8~16　　▶ 요절 : 히브리서 11:14

8 믿음으로 아브라함은 부르심을 받았을 때에 순종하여 장래의 유
업으로 받을 땅에 나아갈새 갈 바를 알지 못하고 나아갔으며 **9** 믿
음으로 그가 이방의 땅에 있는 것 같이 약속의 땅에 거류하여 동일
한 약속을 유업으로 함께 받은 이삭 및 야곱과 더불어 장막에 거하
였으니 **10** 이는 그가 하나님이 계획하시고 지으실 터가 있는 성을
바랐음이라 **11** 믿음으로 사라 자신도 나이가 많아 단산하였으나
잉태할 수 있는 힘을 얻었으니 이는 약속하신 이를 미쁘신 줄 알았
음이라 **12** 이러므로 죽은 자와 같은 한 사람으로 말미암아 하늘의
허다한 별과 또 해변의 무수한 모래와 같이 많은 후손이 생육하였
느니라 **13** 이 사람들은 다 믿음을 따라 죽었으며 약속을 받지 못
하였으되 그것들을 멀리서 보고 환영하며 또 땅에서는 외국인과
나그네임을 증언하였으니 **14 그들이 이같이 말하는 것은 자기들**
이 본향 찾는 자임을 나타냄이라 **15** 그들이 나온 바 본향을 생각
하였더라면 돌아갈 기회가 있었으려니와 **16** 그들이 이제는 더 나
은 본향을 사모하니 곧 하늘에 있는 것이라 이러므로 하나님이 그
들의 하나님이라 일컬음 받으심을 부끄러워하지 아니하시고 그들
을 위하여 한 성을 예비하셨느니라

▣ 도입을 위한 글

토저(A.W.Tozer)는 "천국의 위인들은 다른 사람들이 하나님을 사랑하는 것보다 하나님을 더 사랑한 자들이다"고 말했다. 허드슨 테일러는 무엇이 선교의 가장 자극적인 동기였느냐는 질문을 받고 그것은 "그리스도에 대한 사랑"이라고 대답했다. 윌리암 부스가 사회의 버림받은 자들, 소외되고 불쌍한 자들을 열정적으로 도와준 것은 그리스도에 대한 열정적인 사랑 때문이었다. 주님을 사랑하면서 살아가는 자는 주님으로 인한 기쁨이 넘치는 삶을 살게 되어 있다. 시련을 당할 때에 주님을 더욱 사랑하는 은혜를 구하면, 시련은 상처를 내는 독약이 아니라 치료하는 양약이 될 것이다. 어느 만화가는 우물가의 두 여인 그림을 그렸다. 두 여인은 각기 물 긷는 두레박 하나씩을 가지고 있다. 그중 한 여인은 슬프고 우울한 표정을 지으면서 말한다. "인생은 지긋지긋해. 이 두레박을 채울 때마다 잠시 후에는 그것이 다시 비어 버리고 말거든." 다른 여인은 아주 흡족한 표정으로 이렇게 말한다. "나는 인생이 놀랍다고 생각해. 이 두레박을 비울 때마다 다시 그것을 채울 수 있거든." 예수 없는 인생은 가득 채워진 듯 하나 다음 순간 다시 공허해 지지만, 예수 모신 인생은 인생의 고뇌로 비워진 두레박을 순간순간 예수로 채울 수 있는 삶이다.

– 권성수, 「시련을 너끈히 이긴다」

도입을 위한 질문

1. 믿음의 여정에 있어 가장 필요한 것은 무엇이라고 생각합니까?

2. 본향을 향해 가는 당신의 여정의 모습은 어떻습니까?

본문 질문

1. 아브라함은 어떤 믿음을 가지고 있었습니까?(8-9절)

*아브라함은 하나님께서 지시하신 땅으로 가고자 했을 때, 갈 바를 알지 못했지만 나아갔다. 이것이 순종하는 믿음이다.

*순종(헬. 휘파쿠오): 듣다, 경청하다, 명령에 귀 기울이다, 순종하다, 복종하다.

2. 아브라함은 왜 하나님의 부르심에 순종했을까요?(10절)

*아브라함은 사람이 만든 성을 바라지 않았다. 그는 자신에게 명령하시고 약속하신 하나님이 친히 만드실 성을 기대하고 바랐다.

*바랐음이라(헬. 에크데코마이): 받다, 수락하다, 찾다, 기대하다(to expect), 기다리다.

3. 사라가 믿음의 사람으로 인정받은 것은 무엇 때문입니까?(11–12절)

*사라는 나이가 지나서 수태할 수 없는 몸이었는데도, 믿음으로 임신할 능력을 얻었다. 이것은 그가, 약속해 주신 분을 신실하신 분으로 생각했기 때문이다(11절, 표준새번역).

4. '이 사람들'은 누구를 가리킵니까?(13절)

*사람은 다 죽는다. 중요한 것은 '어떻게 살다가 죽느냐'의 문제이다. 믿음으로 의롭게 살다가 죽으면 소망이 있다(잠 14:32).

5. 성경은 믿음을 가지고 살아가는 이들에 대해 어떻게 표현합니까?(13–15절)

*에녹이 하나님을 기쁘시게 하여 하늘로 옮기어진 것을 보면, 그 속에 믿음이 있었음을 알 수 있다는 뜻이다.

*외국인(헬. 크세노스): 외국인, 손님, 이방인(strange)

*나그네(헬. 파레피데모스): 거주하는 외국인, 순례자, 이방인.

*본향(헬. 파트리스): 아버지에게 속한 곳. 아버지와 조상이 살던 곳.

6. 더 나은 본향을 사모하는 '그들'이 누리는 은혜에 대해서 써 보십시오 (16절).

*'더 나은 본향'은 천국이며 '하나님께서 예비하신 한 성'이다. 이것은 '더 낫고 영구한 산업'(히 10:34)이며, '하나님의 경영하시고 지으실, 터가 있는 성' 즉, '하나님이 건축자요 만드신 이인, 터가 있는 성'(히 11:10)이며, '장차 올 영구한 도성'(히 13:14)이다.

적용 질문

1. 우리에게 본향이 있다는 말씀은 어떤 소망을 갖게 합니까?

2. 본향을 향해 가는 여정의 동반자들이 있습니까?

▣ 적용을 위한 글

아브라함은 약속의 땅에서 번성했지만 장차 "하나님이 계획하시고 지으실 터가 있는 성"을 바라며 장막에 거했습니다. 사라는 믿음으로 아이를 낳았지만, 하나님이 약속하신 허다한 무리의 후손은 아직 그녀에겐 미래의 일이었습니다. 믿음은 당대에 하나님의 선하심을 맛보게 하지만, 완전히 충만한 상태는 아닙니다. 성경은 더 나은 본향이 있다고 말씀합니다. 하나님께서 예비하신 곳입니다. 또한 주님이 계신 곳입니다. "내가 너희를 위하여 처소를 예비하러 가노니… 나 있는 곳에 너희도 있게 하리라"(요 14:2-3). 주님께서 우리에게 주신 약속이 이것이요, 주님께서 우리를 위하여 하신 일이 바로 여기에 있습니다. 어거스틴은 죽음을 앞두고, "우리의 잠시 받는 환란의 경한 것이 지극히 크고 영원한 영광의 중한 것을 우리에게 이루려 함"(고후 4:17)이라는 말씀으로 위로를 얻었다고 했습니다. 어거스틴이 이 대적 앞에서도 하나님의 말씀을 통해 위로받으며 담대했던 것처럼, 우리도 마지막 날에 이 말씀을 붙들고 있어야 합니다. 약속의 말씀, 약속의 땅을 찾아 떠나는 나그네의 삶은 고될지라도 주께서 예비하신 처소를 믿음의 눈으로 바라보아야 합니다. 바로 이것이 본향을 사모하는 모습입니다.

11 믿음으로 행동하라

▶ 본문 : 히브리서 11:17~31 ▶ 요절 : 히브리서 11:26

17 아브라함은 시험을 받을 때에 믿음으로 이삭을 드렸으니 그는
약속들을 받은 자로되 그 외아들을 드렸느니라 **18** 그에게 이미 말
씀하시기를 네 자손이라 칭할 자는 이삭으로 말미암으리라 하셨
으니 **19** 그가 하나님이 능히 이삭을 죽은 자 가운데서 다시 살리
실 줄로 생각한지라 비유컨대 그를 죽은 자 가운데서 도로 받은 것
이니라 **20** 믿음으로 이삭은 장차 있을 일에 대하여 야곱과 에서에
게 축복하였으며 **21** 믿음으로 야곱은 죽을 때에 요셉의 각 아들에
게 축복하고 그 지팡이 머리에 의지하여 경배하였으며 **22** 믿음으
로 요셉은 임종시에 이스라엘 자손들이 떠날 것을 말하고 또 자기
뼈를 위하여 명하였으며 **23** 믿음으로 모세가 났을 때에 그 부모
가 아름다운 아이임을 보고 석 달 동안 숨겨 왕의 명령을 무서워하
지 아니하였으며 **24** 믿음으로 모세는 장성하여 바로의 공주의 아
들이라 칭함 받기를 거절하고 **25** 도리어 하나님의 백성과 함께 고
난 받기를 잠시 죄악의 낙을 누리는 것보다 더 좋아하고 **26 그리
스도를 위하여 받는 수모를 애굽의 모든 보화보다 더 큰 재물로 여
겼으니 이는 상 주심을 바라봄이라** **27** 믿음으로 애굽을 떠나 왕의
노함을 무서워하지 아니하고 곧 보이지 아니하는 자를 보는 것 같
이 하여 참았으며 **28** 믿음으로 유월절과 피 뿌리는 예식을 정하였
으니 이는 장자를 멸하는 자로 그들을 건드리지 않게 하려 한 것이

며 **29** 믿음으로 그들은 홍해를 육지 같이 건넜으나 애굽 사람들
은 이것을 시험하다가 빠져 죽었으며 **30** 믿음으로 칠 일 동안 여
리고를 도니 성이 무너졌으며 **31** 믿음으로 기생 라합은 정탐꾼을
평안히 영접하였으므로 순종하지 아니한 자와 함께 멸망하지 아
니하였도다

도입을 위한 글

시련을 극복해 낸 헬렌 켈러는 "이 세상에서 가장 불행한 사람은 시력은 있는데 비전이 없는 사람이다"라고 말했습니다. 우리에게는 시련을 이겨내는 힘이 있습니다. 그 힘은 희망이며 사랑입니다. 우리는 지나간 슬픔에 눈물을 낭비해서는 안 됩니다. 이 세상의 모든 피조물은 고통과 시련을 겪고 살아갑니다. 나무도 시련 속에 성장하고 꽃도 시련을 겪어야 피어납니다. 마찬가지로 사람도 시련을 겪어야 성숙할 수 있습니다. 어떤 시련이 다가와도 비전을 바라보고 일어서십시오. 이 시련은 당신을 훈련시킬 좋은 기회이니까요.

– 용혜원, 「좋은 글」

도입을 위한 질문

1. 최근 시련 속에서 내린 믿음의 결정이 있다면 나누어 보십시오.

2. 믿음의 성장에 고난이 필요하다고 생각합니까? 자신의 생각을 말해 보십시오.

본문 질문

1. 하나님의 말씀에 순종할 수 있었던 아브라함의 믿음은 어떤 믿음이었습니까?(17-19절)

*아브라함은 하나님을 진실로 경외하였고, 그 경외의 마음은 하나님의 명령에 절대 순종하는 행위로 나타났다. 이것은 심지어 사랑하는 독자 이삭에 대한 사랑보다 더 강력했다.

2. 본문의 부모들이 행한 일들이 믿음의 행위로 인정되는 공통적인 이유를 찾아보십시오(20-23절).

*이들은 하나님의 약속을 믿고 그것을 소망하였다.

*믿음으로(헬. 피스티스): 진리에 대한 확신, 믿음, 충성, 충실, 성실.

3. 모세는 어떤 믿음을 가지고 있었습니까?(24-26절)

*바로의 공주의 아들이 갖는 권력은 대단했다. 그러나 믿음으로 장성한 모세는 바로 공주의 아들로서 누릴 수 있는 모든 권세, 부귀와 영광을 포기했다.

*거절하고(헬. 알네오마이): 부정하다, 거부하다, 거절하다, 단절하다, 부인하다(to say not).

4. 모세가 바로 왕을 두려워하지 않은 것은 무엇 때문입니까?(27절, 출 2:15 참조)

*모세는 바로보다 더 크시고 두려우시고 높으신 하나님을 바라보며 하나님의 말씀만을 두려워하였다. /*참았으며(헬. 칼테레오): 굳세다, (상징적으로) 인내하다(to be strong).

5. 왜 성경은 유월절과 홍해를 건넌 일에 대해 언급한 것입니까? (28-29절, 출 12:21, 14:22-29 참조)

*유월절: 유월(逾越)이라는 말은 한자어로 '건너간다, 넘어간다'는 뜻이다. 심판의 천사가 이스라엘 백성의 집을 건드리지 않고 넘어간 것을 의미한다.

*정하였으니(헬. 포이에오): 하다, 바르게 행동하다, 수행하다, 시간을 보내다, 축하하다, 약속을 실행하다, 만들다, 생산하다, 구성하다, 형성하다.

6. 여호수아와 이스라엘 백성이 여리고 성을 무너뜨린 사건이 믿음의 행위가 되는 이유를 써 보십시오(30절).

*여호수아와 이스라엘 백성은 하나님을 믿었고, 말씀대로 순종하였다. 그들은 하나님의 말씀을 의심하거나 그 명령에 대해 불평하지 않았다. /*여호수아 6장 참조.

적용 질문

1. 당신은 바로의 공주의 아들의 신분을 버렸던 모세와 같은 믿음의 결단을 할 수 있습니까?

2. 기생 라합은 믿음의 결단으로 어떤 결과를 얻게 됩니까? 각자의 삶에 적용하여 나누어 보십시오.

▣ 적용을 위한 글

모세의 부모는 애굽 왕의 잘못된 명령보다 하나님의 위대한 계획 앞에 믿음과 순종을 표현했습니다. 모세 또한 애굽 왕궁에서 누릴 수 있는 즐거움보다는 자기 백성들과 함께 고난받는 것을 택했습니다. 큰 재물이 주는 죄악의 낙보다는 그리스도를 위하여 받는 능욕의 길을 택했습니다. 그는 결국 믿음으로 행해 애굽에서 백성들을 구원하였고, 하나님께서 조상들에게 이미 약속하신 가나안 땅에서 살 수 있도록 인도하였습니다. 믿음의 결단은 말이 아니라 행동입니다. 믿음은 세상의 기쁨을 버리고 하나님을 뜻을 따르는 것입니다. 하나님을 중심에 두고 위험을 기꺼이 감내하는 사랑의 행위입니다. 두려움도 세상의 이익도 다 버릴 수 있는 확고한 의지적 행동! 이것이 바로 믿음입니다. 하나님께서 약속하신 상급을 바라보며 본향을 사모하는 삶은 우리에게 '행하는 믿음'을 요구합니다.

12 세상이 감당하지 못할 자

▶ 본문 : 히브리서 11:32~40　　　▶ 요절 : 히브리서 11:38

32 내가 무슨 말을 더 하리요 기드온, 바락, 삼손, 입다, 다윗 및
사무엘과 선지자들의 일을 말하려면 내게 시간이 부족하리로다
33 그들은 믿음으로 나라들을 이기기도 하며 의를 행하기도 하며
약속을 받기도 하며 사자들의 입을 막기도 하며 **34** 불의 세력을
멸하기도 하며 칼날을 피하기도 하며 연약한 가운데서 강하게 되
기도 하며 전쟁에 용감하게 되어 이방 사람들의 진을 물리치기도
하며 **35** 여자들은 자기의 죽은 자들을 부활로 받아들이기도 하며
또 어떤 이들은 더 좋은 부활을 얻고자 하여 심한 고문을 받되 구
차히 풀려나기를 원하지 아니하였으며 **36** 또 어떤 이들은 조롱과
채찍질뿐 아니라 결박과 옥에 갇히는 시련도 받았으며 **37** 돌로 치
는 것과 톱으로 켜는 것과 시험과 칼로 죽임을 당하고 양과 염소의
가죽을 입고 유리하여 궁핍과 환난과 학대를 받았으니 **38 (이런**
사람은 세상이 감당하지 못하느니라) 그들이 광야와 산과 동굴과
토굴에 유리하였느니라 **39** 이 사람들은 다 믿음으로 말미암아 증
거를 받았으나 약속된 것을 받지 못하였으니 **40** 이는 하나님이 우
리를 위하여 더 좋은 것을 예비하셨은즉 우리가 아니면 그들로 온
전함을 이루지 못하게 하려 하심이라

▣ 도입을 위한 글

"막상 어려움에 부닥쳤을 때에는 너무나 절망적이었지만 결국 그것은 돈으로 살 수 없는 재산이 되었어. 그 모든 사건 속에 하나님은 함께 계셨고, 함께 아파하셨던 하나님을 체험하고 그 풍성한 은혜를 알게 되었으니까." 즐거울 때가 지나가고 견디기 힘든 고통의 때가 찾아올 때 지금껏 우리의 삶을 이끌어 오신 주님의 은혜를 기억하십시오. 불가능해 보였던 삶의 모든 제약을 뛰어넘어 역사하시고 이루신 주님의 능력, 스스로도 용서할 수 없었던 우리의 죄와 허물까지 모두 덮으시고 용납해주신 주님의 사랑, 우리를 다시 살게 한 그 은혜를 기억하십시오. 비록 지금은 고통 가운데 있을지라도 이 고통 또한 은혜의 고백이 될 것입니다.

– 이요셉, 「요셉일기」

도입을 위한 질문

1. 당신에게 임한 주님의 은혜를 고백해 보십시오.

2. 하나님을 강하게 거부하는 사람에게 하나님을 증거한 적이 있다면 나누어 보십시오.

본문 질문

1. 기드온, 바락, 삼손, 입다, 다윗, 사무엘이 어떤 사람이었는지 설명해 보십시오(32절).

*히브리서 기자는 믿음의 사람들의 예들이 더 많이 있지만 그것들을 다 말하려면 시간이 부족하다고 말한다. 그는 단지 몇 사람들의 이름을 추가로 열거하였다(삼상 12:4; 삼상 16-17장; 삼하 5:4; 삼하 8:15).

2. '불의 세력을 멸하기도 하며'는 어떤 사람들과 사건을 가리키는 것입니까?(34절)

*다니엘의 세 친구들, 사드락, 메삭, 아벳느고는 믿음의 절개를 지키다가 풀무불에 들어갔으나 하나님께서 그들을 그 불의 세력으로부터 지켜주셨다(단 3장).

3. 믿음 때문에 고난을 당한 자들을 히브리서 기자는 어떻게 표현했습니까?(34-38절)

*이런 사람은 세상이 감당하지 못하느니라: 세상은 그들에게 합당치 아니하였도다. "세상은 그러한 복을 받을 만하지 않았다. 그들은 그들의 가치를 평가할 줄도 그들을 사랑할 줄도 몰랐다. 악한 사람들! 그 의로운 자들은 세상에 살기에 합당치 않으며, 하나님은 세상이 그들에게 합당치 않다고 선언하신다. 그러므로 하나님은 그들을 세상에서 취하셔서 그들에게 적합한, 그러나 그들의 모든 봉사와 고난의 공로보다 훨씬 뛰어난 세계로 영접하신다"(Matthew Henry, A Commentary on the Whole Bible, 4권, 953쪽).

4. 고난 속에서 믿음의 사람들이 견딜 수 있었던 유일한 원동력은 무엇입니까?(39절) *믿음의 사람들은 다 믿음으로 증거를 얻었다.

5. 믿음의 사람들이 받은 것과 받지 못한 것은 각각 무엇인지 나누어 보십시오(39절).

*믿음의 사람들은 하나님의 친 백성이요 구원을 받은 자들이요 영생을 소유한 자들이라는 증거를 받았다.

6. 믿음의 선진들에게 온전함을 허락하지 않으신 이유는 무엇입니까?(40절)

*온전함을 이루다(헬. 텔레이오오): 예정된 목적지에 도달하다, 의도한 목표를 끝내다, 성경의 예언을 성취하다.

적용 질문

1. 고난의 길을 묵묵히 걸어간 이들을 볼 때 어떤 생각을 하게 됩니까?

2. 당신은 '세상이 감당하지 못할 사람'이 되어가고 있습니까?

▣ 적용을 위한 글

믿음의 선진들은 다 진실한 성도라는 증거를 받았지만 하나님의 약속의 성취를 체험하지 못했습니다. 그 약속은 오늘 우리에게 주어진 약속이기도 합니다. 그것은 주 예수 그리스도의 재림으로 말미암은 성도들의 영광스런 부활과 천국과 영생입니다. 우리는 여전히 하나님의 약속들을 소망하며 참고 인내해야 합니다. '믿음은 바라는 것들의 실상이요 보지 못하는 것들의 증거'라는 말씀처럼, 우리는 믿음으로 하나님께서 약속하신 내용들을 소망하며 지금은 보이지 않지만 마음의 눈을 열어 그 영광의 세계를 바라보아야 합니다. 환난과 핍박으로 고통스러운 삶이 계속될지라도 믿음의 길에서 벗어나면 절대 안 됩니다. 예수 그리스도를 향한 믿음과 본향에 대한 영원의 소망을 가지십시오. 그럴 때 비로소 믿음으로 세상과 타협하지 않는, 세상이 감당할 수 없는 참된 믿음의 사람이라 불려질 수 있습니다. 그리스도의 십자가를 바라보며 믿음으로 인내하십시오.

13 믿음의 경주

▶ 본문 : 히브리서 12:1~13　　▶ 요절 : 히브리서 12:2

1 이러므로 우리에게 구름 같이 둘러싼 허다한 증인들이 있으니
모든 무거운 것과 얽매이기 쉬운 죄를 벗어 버리고 인내로써 우
리 앞에 당한 경주를 하며 **2 믿음의 주요 또 온전하게 하시는 이**
인 예수를 바라보자 그는 그 앞에 있는 기쁨을 위하여 십자가를
참으사 부끄러움을 개의치 아니하시더니 하나님 보좌 우편에 앉
으셨느니라 **3** 너희가 피곤하여 낙심하지 않기 위하여 죄인들이
이같이 자기에게 거역한 일을 참으신 이를 생각하라 **4** 너희가 죄
와 싸우되 아직 피흘리기까지는 대항하지 아니하고 **5** 또 아들들
에게 권하는 것 같이 너희에게 권면하신 말씀도 잊었도다 일렀으
되 내 아들아 주의 징계하심을 경히 여기지 말며 그에게 꾸지람을
받을 때에 낙심하지 말라 **6** 주께서 그 사랑하시는 자를 징계하시
고 그가 받아들이시는 아들마다 채찍질하심이라 하였으니 **7** 너희
가 참음은 징계를 받기 위함이라 하나님이 아들과 같이 너희를 대
우하시나니 어찌 아버지가 징계하지 않는 아들이 있으리요 **8** 징
계는 다 받는 것이거늘 너희에게 없으면 사생자요 친아들이 아니
니라 **9** 또 우리 육신의 아버지가 우리를 징계하여도 공경하였거
든 하물며 모든 영의 아버지께 더욱 복종하며 살려 하지 않겠느냐
10 그들은 잠시 자기의 뜻대로 우리를 징계하였거니와 오직 하나
님은 우리의 유익을 위하여 그의 거룩하심에 참여하게 하시느니

라 11 무릇 징계가 당시에는 즐거워 보이지 않고 슬퍼 보이나 후
에 그로 말미암아 연단 받은 자들은 의와 평강의 열매를 맺느니라
12 그러므로 피곤한 손과 연약한 무릎을 일으켜 세우고 13 너희
발을 위하여 곧은 길을 만들어 저는 다리로 하여금 어그러지지 않
고 고침을 받게 하라

▣ 도입을 위한 글

미소가 멋진 집사님이 계셨다. 그러나 정작 본인의 삶은 힘겨운 하루하루였다. 잘 되던 사업이 부도로 어려움에 처하고, 새로 시작한 사업도 될 듯하면서 풀리지 않았다. 그러면 그럴수록 그분은 더 환한 웃음을 보여주셨고, 그 웃음 뒤에는 하나님을 향한 절규가 있었다. 그러다 얼마 전 하나님이 그분을 데려가셨다. 모두들 그 소식에 망연자실할 수밖에 없었다. 성공하면 주님을 위해 더욱 헌신하겠다던 그분의 외침이 메아리처럼 귓가에 맴돌 뿐이었다. 세상적인 눈으로 볼 때는 결코 해피엔딩이 아니다. 하지만 하나님의 역사는 끝나지 않았다. "내 생각은 너희 생각과 다르며 내 길은 너희 길과 달라서 하늘이 땅보다 높음 같이 내 길은 너희 길보다 높으며 내 생각은 너희 생각보다 높으니라"(사 55:8-9). 그분의 미소는 모두에게 전염됐고 이제는 더 멋진 미소들이 교회 안에 태어나고 있다.

– 정삼지, 「겨자씨」

도입을 위한 질문

1. 믿음의 길을 포기하고 싶었던 경험이 있다면 나누어 보십시오.

2. 예수 그리스도를 믿는 삶을 위해서, 특별히 인내가 필요한 삶의 영역이 있다면 무엇인지 나누어 보십시오.

본문 질문

1. '구름 같이 둘러싼 허다한 증인들'은 누구를 가리키는 것입니까?(1절)

*유일하시고 참되신 하나님을 믿고 섬기며 그의 보내신 자 주 예수 그리스도를 믿고 따르는 일은 구약 시대와 신약 시대에 걸쳐 수없이 많은 증인을 배출해냈다.

2. 믿음의 경주에서 승리할 수 있는 원동력은 무엇일까요?(2절)

*주(헬. 아르케고스): 인도자, 시작자, 효력 있는 원인자. / *온전케 하시는 분(헬. 텔레이오테스): 완성자. /*예수님은 하나님의 아들 곧 참된 신성(神性)을 가지신 주님으로서 우리

의 믿음을 시작시키시고 완성하시는 분이다.

3. 믿음의 경주에서 필요한 내용을 3가지로 정리해 보십시오(1-4절).

*인내(헬. 휘포모네): 확고함, 불변성, 충실, 인내, 참을성 있는, 변치 않는 기다림, 참을성 있는 인내, 유지

4. 그리스도인은 죄에 대해 어떤 자세를 가져야 할까요?(4절)

*싸우되(헬. 안타고니조마이): 투쟁하다, 싸우다(to struggle against).

5. 징계를 받을 때 낙심할 필요가 없는 이유와, 징계를 받는 이유를 각각 써 보십시오(5-8절).

*징계하심(헬. 파이데이아)은 교육, 훈련, 징계. 에베소서 6:4에는 '교양'이라고 번역되었고, 디모데후서 3:16에는 '교육'이라고 번역되었다. '꾸지람(5절)' 혹은 '책망함'이라는 말이 '징계'와 동의어로 사용되었고, '채찍질하심'(6절)도 그와 같다.

6. 징계를 받는 태도와 징계의 목적은 무엇입니까?(9-11절)

*또(9절)는 '더욱이'라고 번역해야 한다. *자기의 뜻대로(10절, 헬. 카타 토 도쿤 아우토이스)는 '그들에게 선하게 생각되는 대로'라는 뜻이다.

7. 하나님의 징계가 사랑이라는 사실을 안다면, 어떻게 행동해야 할까요?(12-13절)

*피곤한(헬. 파레이메나스)은 '축 늘어진'이라는 뜻이다. 성도가 하나님의 징계를 받으면 심신으로 연약해져서 손도 축 늘어지고 무릎도 연약해지고 다리도 절뚝인다.

적용 질문

1. 믿음의 경주자는 시선을 어디에 고정해야 합니까?

2. 하나님의 징계가 믿음의 경주자에게 필요한 이유는 무엇입니까?

▣ 적용을 위한 글

믿음의 경주자는 모든 그리스도인들을 의미합니다. 그리스도인들의 삶이 믿음의 경주이기 때문입니다. 이 경주에 필요한 것은 인내이며, 매순간 모든 초점을 예수 그리스도께 맞추어야 합니다. 예수 그리스도만이 경주자의 걸음을 천국으로 인도하게 만드는 힘의 원천이 되십니다. 이와 같은 믿음의 경주자에게 하나님의 징계하심은 당연합니다. 그것은 하나님께서 사랑하시고 받으신다는 표시요, 하나님의 참 자녀라는 증거이기 때문입니다. 이 징계를 통하여 우리는 거룩해지고 의로워질 수 있습니다. 따라서 우리는 하나님의 징계하심을 경히 여기거나 무시해서는 안 됩니다. 또한 하나님의 징계하심으로 인해 낙심해서도 안 됩니다. 우리는 하나님의 징계하심을 잘 참고 일어나 힘을 내어 더욱 하나님께 순종하는 삶을 살아야 합니다. 믿음의 경주자여! 예수 그리스도를 바라보며 하나님의 징계하심을 인내하고 하나님께 온전히 순종하십시오!

14 쓴 뿌리

▶ 본문 : 히브리서 12:14~17　　　▶ 요절 : 히브리서 12:15

14 모든 사람과 더불어 화평함과 거룩함을 따르라 이것이 없이는
아무도 주를 보지 못하리라 **15 너희는 하나님의 은혜에 이르지 못
하는 자가 없도록 하고 또 쓴 뿌리가 나서 괴롭게 하여 많은 사람
이 이로 말미암아 더럽게 되지 않게 하며 16** 음행하는 자와 혹 한
그릇 음식을 위하여 장자의 명분을 판 에서와 같이 망령된 자가 없
도록 살피라 **17** 너희가 아는 바와 같이 그가 그 후에 축복을 이어
받으려고 눈물을 흘리며 구하되 버린 바가 되어 회개할 기회를 얻
지 못하였느니라

▣ 도입을 위한 글

사람의 참된 아름다움은 생명력에 있고, 그 마음 씀씀이에 있으며 또한 그 생각의 깊이와 실천력에 있다고 생각합니다. 언제나 맑고 고요한 마음을 가진 사람의 눈은 맑고 아름답습니다. 깊은 생각과 자신의 분야에 대한 연구를 게을리하지 않는 사람에게서는 밝고 지혜로운 빛이 느껴집니다. 녹슬지 않는 반짝임이 그를 언제나 새롭게 하기 때문입니다. 남을 위

해 도움의 손길을 건네고 옳은 일이라면 묵묵히 하고야 마는 사람에게서는 큰 힘이 전해져 옵니다. 강한 실천력과 남을 헤아려 보살피는 따뜻한 그 무엇이 있기 때문입니다. 누구의 눈을 닮고 누구의 코를 닮은 얼굴보다 평범하거나 좀 못생겼다고 하더라도, 어쩐지 맑고 지혜롭고 따뜻한 마음이 느껴지는 사람. 만나면 만날수록 그 사람만의 향기와 매력이 느껴지는 내면이 아름다운 사람이야말로 이 세상을 아름답게 할 사람일 것입니다. 내면을 가꾸십시오. 거울 속에서도 자신의 마음을 들여다 보십시오. 내 마음의 샘물은 얼마나 맑고 고요한지, 내 지혜의 달은 얼마나 둥그렇게 솟아 내 삶을 비추고 있는지, 내 손길 닿는 곳 발길 머무는 곳에 어떤 은혜로움이 피어나고 있는지, 내 음성이 메아리치는 곳에 내 마음이 향하는 곳에 얼마나 많은 사람들이 고마워하고 있는지 말입니다.

– 이지성, 「마음 속 길들이기」

도입을 위한 질문

1. 아무도 보는 이 없을 때, 당신은 어떤 모습인지 생각해 보십시오.

____

____

2. 당신 마음 속에 있는 악한 생각들의 목록을 솔직하게 작성해 보십시오.

____

____

본문 질문

1. 모든 사람으로 더불어 화평함과 거룩함을 좇아야 하는 이유를 써 보십시오(14절).

*하나님의 뜻은 성도 간에 서로 사랑하고 화목하는 것이다. 주께서는 '서로 사랑하라'는 새 계명을 제자들에게 주신 후에, 서로 사랑하는 것이 주의 제자된 표시라고 말씀하셨다(요 13:34-35).

*화평함(헬. 에이레네): 평화, 번영, 하나가 됨, 고요, 안식, 다시 하나가 되다, 메시야의 평화, 기독교의 평화.

*거룩함(헬. 하기아스모스): 정화, 청결한 상태, 깨끗이 하는 사람, 거룩, 성화.

2. 쓴 뿌리의 특징은 무엇입니까?(15절, 신 29:18-19 참조)

*쓴 뿌리: 교회 안에 나타나서 다른 사람에게 심적 고통을 주고 많은 사람들에게 더러움과 나쁜 영향을 줄 '쓴 뿌리'는 성경 교훈에서 탈선된 교리와 사상을 가지고 도덕적인 악을 지닌 자이다. 그는 교회 안에 난 가라지이다.

3. 믿음의 경주자들이 주의해야 할 세 부류의 사람들에 대해 써 보십시오(15-16절).

*저자는 우리에게 화평과 거룩을 권면한 후에 우리가 주의해야 할 사람들에 대해 언급한다.

4. 죽 한 그릇에 장자의 명분을 판 에서를 말씀은 어떻게 기록하고 있습니까?(16절) *망령(헬. 베벨로스): '불경죄를 지어 성전에서 쫓겨난다'는 의미로서 신성모독적 행실을 일컫는다.

5. 히브리서 기자는 에서의 삶을 어떻게 결론짓습니까?(17절)

*망령된 자(헬. 베벨로스)는 '속된 자, 불경건한 자'라는 뜻이다.

적용 질문

1. 화평과 거룩을 좇기 위하여 당신은 어떤 노력을 하고 있습니까?

2. 망령된 자인 에서의 모습에서 당신의 모습이 보이지 않습니까? 보인다면 어떻게 해야 할지 나누어 보십시오.

▣ 적용을 위한 글

주님을 볼 수 있는 자는 하나님의 임재 앞에 서는 자이며, 믿음의 가장 신비한 경지에 이른 사람입니다(시 24:4-5; 마 5:8). 또한 자신을 괴롭게 할 뿐만 아니라 많은 사람에게 더러움을 입히는 쓴 뿌리를 없애야 합니다. 거룩하신 화평의 하나님 앞에는 거룩한 자와 화평한 자만이 설 수 있습니다. 그러므로 우리는 믿음의 경주에 있어 배교한 자들을 통해 더러워지지 않도록 조심해야 합니다. 또한 음행한 자와 음식을 탐하여 장자권을 소홀히 한 에서처럼 망령된 자(창 25:34; 딤전 1:9; 딤후 2:16)가 되지 않도록 두려워하고 조심해야 합니다. 영적으로 배교한 자가 음행한 자요, 하나님의 복을 무시한 자가 망령된 자입니다. 이런 자들로부터 거룩성을 지켜야 하나님을 볼 수 있습니다. 화평과 거룩을 좇는 일을 결코 멈추지도, 늦추지도 마십시오.

흔들리지 않는 나라 15

▶ 본문 : 히브리서 12:18~29　　▶ 요절 : 히브리서 12:28

18 너희는 만질 수 있고 불이 붙는 산과 침침함과 흑암과 폭풍과
19 나팔 소리와 말하는 소리가 있는 곳에 이른 것이 아니라 그 소
리를 듣는 자들은 더 말씀하지 아니하시기를 구하였으니 **20** 이는
짐승이라도 그 산에 들어가면 돌로 침을 당하리라 하신 명령을 그
들이 견디지 못함이라 **21** 그 보이는 바가 이렇듯 무섭기로 모세도
이르되 내가 심히 두렵고 떨린다 하였느니라 **22** 그러나 너희가
이른 곳은 시온 산과 살아 계신 하나님의 도성인 하늘의 예루살렘
과 천만 천사와 **23** 하늘에 기록된 장자들의 모임과 교회와 만민
의 심판자이신 하나님과 및 온전하게 된 의인의 영들과 **24** 새 언
약의 중보자이신 예수와 및 아벨의 피보다 더 나은 것을 말하는
뿌린 피니라 **25** 너희는 삼가 말씀하신 이를 거역하지 말라 땅에
서 경고하신 이를 거역한 그들이 피하지 못하였거든 하물며 하늘
로부터 경고하신 이를 배반하는 우리일까보냐 **26** 그때에는 그 소
리가 땅을 진동하였거니와 이제는 약속하여 이르시되 내가 또 한
번 땅만 아니라 하늘도 진동하리라 하셨느니라 **27** 이 또 한 번이
라 하심은 진동하지 아니하는 것을 영존하게 하기 위하여 진동할
것들 곧 만드신 것들이 변동될 것을 나타내심이라 **28 그러므로
우리가 흔들리지 않는 나라를 받았은즉 은혜를 받자 이로 말미암
아 경건함과 두려움으로 하나님을 기쁘시게 섬길지니** **29** 우리 하
나님은 소멸하는 불이심이라

▣ 도입을 위한 글

얼마 전 선교회 사무실에 허름한 옷차림으로 몸이 약간 불구인 듯한 사람이 찾아왔다. 무슨 도움을 구하러 왔거나 물건을 팔러온 사람인 줄 알고 그저 형식적인 인사만 하였는데, 뜻밖에도 선교 헌금을 하러 왔다는 것이 아닌가! 자기보다 더 불쌍하고 어려운 사람들을 위해 써달라며 거친 손으로 내어민 돈은 허름한 1,000원짜리 지폐 100장을 묶은 것이었다. 그 순간 나는 쇠뭉치로 뒤통수를 얻어맞는 듯한 충격을 받았다. 그는 이름도 주소도 밝히기를 원치 않았고, 차 한 잔의 대접도 사양하고는 총총히 사라졌다. 혹 하나님께서 특별한 의도가 있으셔서 보낸 천사가 아니었는지? 그가 간 후 조용히 기도하면서 하나님 앞에 나의 추함을 자백할 수밖에 없었다. 성경을 많이 아는 것이 무슨 소용이 있으며 말로 사랑하고 순종하라고 가르치는 것이 무슨 힘이 있는가. 자기를 깎아내어 주는 사랑이 결여되었다면…. 은에서 찌끼를 제해야 한다. 교만의 찌끼, 자신만만한 자긍심의 찌끼, 많이 알고 있다고 생각하는 무지의 찌끼를 제해야 한다. 이런 찌끼를 제하여 깨끗케 되게 하려고 하나님께서는 기도 응답을 지연시키기도 하고 낮아지는 것을 배우도록 책망하시기도 한다. 이 훈련과 징계를 통해 이제 자신의 연약함과 무지를 깊이 인식할 때 비로소 "거룩하고 주인의 쓰심에 합당하며 모든 선한 일에 예비함이 되리라"(딤후 2:21) 하나님의 일은 거룩하고 선한 것이기 때문에 그가 어떤 종류의 그릇이든지 누추하고 악한 찌끼들이 철저하게 제거되어야 한다. 얇은 양은 그릇처럼 빨리 끓고 빨리 식는 신앙과 사역과 인격이 아니라 차라리 끓기는 어려워도 한번 끓으면 잘 식지 않는 두껍고 못생긴 뚝배기가 되라.

– 박봉웅, 「3927말씀연구소」

도입을 위한 질문

1. 당신의 믿음을 흔들리게 하는 가장 큰 유혹은 무엇입니까?

2. 천국은 어떤 곳입니까?

본문 질문

1. 시내 산에 나타나신 하나님은 어떤 모습이셨습니까?(18–19절)

*만질 만한 불 붙는 산 : '만질 수 있는 불이 붙은 산'. 하나님의 임재를 가리킨다. 이와 같이 본문에서는 시내산과 천국을 대조한다. 출애굽기 19장은 이스라엘 백성이 이집트에서 나온 후 시내산에 도달했을 때의 모습을 전해준다.

2. 왜 하나님의 말씀을 들은 자들이 하나님께 더 말씀하시지 않기를 구했습니까?(19–21절)

*두렵고(헬. 에크프호보스): 제정신을 잃고 '놀라는', 매우 두려운, 굉장히 무서워하다.

*떨린다(헬. 엔트로모스): 무서워하는, 무서워 떠는, 두려워하는.

3. 성도들이 가게 될 하나님의 도성은 어떤 모습이며, 어떻게 들어갈 수 있습니까?(22-24절)

*성도들은 시내 산에 나아가는 것이 아니고, 천국으로 나아간다. 시내 산과 천국은 현저하게 대조된다. 시내 산은 불과 구름과 어두움과 폭풍이 있는 두려운 곳이다. 반면에 천국은 예수 그리스도로 말미암은 죄씻음과 의와 영생과 평강이 있다(요 1:17).

4. '삼가 말씀하신 이'에 대하여 우리는 어떻게 대해야 합니까?(25-26절, 출 19:18 참조)

*거역하지(헬. 파라이테오마이) : 옆에 따라다니며 요청하다, 가까이 다가와서 빌다, 애원하여 얻다, 간청하다, 간청하여 피하다, 피할 길을 찾다, 면하기를 빌다, 피하다.

5. 하나님께서 하늘과 땅을 진동케 하시는 이유는 무엇입니까?(27절, 학 2:6 참조)

*하나님은 땅뿐만 아니라 하늘까지도 진동시키실 것이다. 그 이유는 마침내 진동치 않을 것을 영존케 하기 위해 진동할 것들을 다 제거하시기 위함이다.

*진동하다(헬. 살류오): 지진이 일어나 온 땅이 물결치듯 뒤흔들리다.

6. 흔들리지 않는 나라를 받은 성도들이 마땅히 보여야 할 반응은 무엇입니까?(28절)

*하나님은 사랑의 하나님이시며 동시에 그의 뜻을 거스르고 그를 만홀히 여기는 자들에 대해 심판의 불로 소멸시키는 두려운 하나님이시다.

*섬길지니(헬. 라트류오): (하나님께) 봉사하다, 종교적인 경의를 표하다, 섬기다, 예배하다.

적용 질문

1. 소멸의 불이신 하나님의 이미지에 대해서 나누어 보십시오.

2. 흔들리지 않는 나라를 받은 성도의 모습은 어떠한지 나누어 보십시오.

▣ 적용을 위한 글

본문에서는 구약의 말씀을 주신 시내 산의 무서운 광경(18-21절)과 대조적으로 신약 복음의 은혜로운 영광의 일곱 가지 모습을 말씀합니다. 만질 만한 곳과 시온 산, 불 붙는 산과 살아계신 하나님의 도성인 예루살렘, 흑운과 천만 천사와 장자들의 모임, 흑암과 만민의 심판자, 폭풍과 온전케 된 의인의 영, 나팔소리와 새 언약의 중보이신 예수, 소리와 아벨의 피보다 더 낫게 말하는 예수의 뿌린 피로 묘사하고 있습니다. 우리는 하늘에서 그리스도를 통해 내리신 경고를 무시해서는 안 됩니다. 출애굽 당시는 땅만 진동하였으나 그 약속이 성취되는 그리스도의 날에는 하늘도 진동할 것입니다. 믿음으로 주를 고백하는 자들에게는 흔들리지 않는 나라를 주신다고 하셨습니다. 우리는 그리스도의 복음에 합당한 생활과 경건함과 두려움으로 하나님을 기쁘게 섬겨야 합니다. 모세를 통해 내리신 경고를 무시한 자들을 멸하신 하나님은 복음을 거역한 자들을 불로 소멸하실 것이기 때문입니다.

어제나 오늘이나 영원히 동일하신 주

16

▶ 본문 : 히브리서 13:1~13 ▶ 히브리서 13:8

1 형제 사랑하기를 계속하고 **2** 손님 대접하기를 잊지 말라 이로써
부지중에 천사들을 대접한 이들이 있었느니라 **3** 너희도 함께 갇힌
것 같이 갇힌 자를 생각하고 너희도 몸을 가졌은즉 학대 받는 자를
생각하라 **4** 모든 사람은 결혼을 귀히 여기고 침소를 더럽히지 않게
하라 음행하는 자들과 간음하는 자들을 하나님이 심판하시리라 **5** 돈
을 사랑하지 말고 있는 바를 족한 줄로 알라 그가 친히 말씀하시기를
내가 결코 너희를 버리지 아니하고 너희를 떠나지 아니하리라 하셨
느니라 **6** 그러므로 우리가 담대히 말하되 주는 나를 돕는 이시니 내
가 무서워하지 아니하겠노라 사람이 내게 어찌하리요 하노라 **7** 하나
님의 말씀을 너희에게 일러 주고 너희를 인도하던 자들을 생각하며
그들의 행실의 결말을 주의하여 보고 그들의 믿음을 본받으라 **8 예
수 그리스도는 어제나 오늘이나 영원토록 동일하시니라** **9** 여러 가지
다른 교훈에 끌리지 말라 마음은 은혜로써 굳게 함이 아름답고 음식
으로써 할 것이 아니니 음식으로 말미암아 행한 자는 유익을 얻지 못
하였느니라 **10** 우리에게 제단이 있는데 장막에서 섬기는 자들은 그
제단에서 먹을 권한이 없나니 **11** 이는 죄를 위한 짐승의 피는 대제사
장이 가지고 성소에 들어가고 그 육체는 영문 밖에서 불사름이라 **12**
그러므로 예수도 자기 피로써 백성을 거룩하게 하려고 성문 밖에서
고난을 받으셨느니라 **13** 그런즉 우리도 그의 치욕을 짊어지고 영문
밖으로 그에게 나아가자

▣ 도입을 위한 글

대학에 다니던 1980년대 후반은 시국의 급박성, 이념 갈등 등이 삶을 짓누르던 시기였다. 주위 사람들은 자유를 위해 농성 현장으로 나갔고 그런 상황에서 기독 학생들은 자신이 기독교인임을 떳떳이 드러내지 못했다. 지금 돌이켜 보니 내가 신앙을 부끄러워한 근본적인 이유는 학내 주류 집단으로부터 분리되는 것에 대한 두려움 때문이었다. 대학에 입학하면서 술을 마시게 된 것도 같은 이유에서였다. 그렇게 세상을 의식하면서 살던 나를 일깨운 사건이 있었다. 학과의 공식 술자리에서 소주를 몇 잔 마시고 유행가 한 곡을 흥얼거리면서 집으로 가고 있었다. 문득 나의 걸음걸이가 흔들리고 있고, 다음날 주일학교 공과 공부를 인도할 준비가 돼 있지 않다는 것이 생각났다. 그리고 아이들의 모습이 떠올랐는데, 그들 앞에 선 내 모습이 무척 부끄러웠다. 그때 내 안에서 음성이 들려왔다. "너는 아이들 앞에 서는 것만 부끄럽다고 여기니? 나는 매일 네 앞에 있었단다." 그때까지 하나님 앞에서 나의 행위를 부끄러워해 본 적이 없었다. 대학 생활에서 나의 행동 기준은 하나님이 아니라 세상이었다. 하지만 그날 밤, 나는 그리스도를 선택한 순간 내가 세상과 충돌하기로 선택한 것임을 깨달았다. 세상에 한 발을 딛고 있으면 하나님의 빛 안으로 들어갈 수 없다는 것이 내게는 자명한 진리가 되었다.

— 이용규, 「내려놓음」

도입을 위한 질문

1. 오랜 친구들 가운데 정말 변하지 않는 친구가 있습니까? 그 이유가 무엇이라고 생각합니까?

2. 당신은 예수님을 믿음으로 인해 행복합니까?

본문 질문

1. 부지중에 천사를 대접한 사람들을 살펴보십시오(1–2절, 창 18:1–2 참조).

*형제 사랑은 구체적으로 손님 대접의 모습으로 나타난다. 창세기 18장과 19장에 보면 아브라함과 롯은 손님을 잘 대접했고, 그러던 중 천사들을 맞았다.

*부지중에(헬. 란다노): 가끔 부지 중에, 감추다, 무지하다, 깨닫지 못하다(막 7:24).

2. 갇힌 자와 학대받는 자들을 어떻게 대해야 합니까?(3절)

*예수님은 작은 한 사람이 주릴 때 먹을 것을 주고, 목마를 때 마시게 하고, 나그네되었을 때 영접하고, 벗었을 때 입히고, 병들었을 때 돌아보고, 옥에 갇혔을 때 방문한 성도의 선한 행위가 곧 주님께 한 것이라고 하셨다(마 25:35~40).

____

____

3. 하나님께 심판받을 자들과 하나님께 버림받지 아니할 자들은 누구입니까?(4-5절) *족하다(헬. 알케오): '넘치다'의 뜻으로, 이 말의 이면에는 '넘쳐서 다른 사람을 후원해 준다'는 의미도 함축되어 있다.

____

____

4. 복음을 전했던 초기 전도자들의 믿음의 기반과 말씀의 인도자들을 향한 바른 태도를 써 보십시오(6-7절).

*인도하던 자들(헬. 헤구메노이)은 '인도하는 자들, 다스리는 자들'이라는 뜻으로 목사와 장로들을 의미한다.

____

____

5. 여러 가지 다른 교훈에 끌리지 않고 주님의 은혜 위에 굳게 서야 하는 이유를 말해보십시오(8-9절).

*참 인도자이신 예수님은 불변하시는 주님이시다. 2천 년 전에도, 2천 년 후에도, 세상 종

말까지, 아니 영원한 천국에서도 예수 그리스도는 동일하시다.

*동일하시니라(헬. 아우토스): 그 자신, 그녀 자신, 그들 자신, 그 자체, 그, 그녀, 동일한 것.

6. 왜 우리가 치욕을 짊어지고 영문 밖 예수님께로 나아가야 할까요?(10-13절)

*성도들이 불신자들의 핍박을 받을 때 공동체 밖으로 쫓겨날 것이다. 초대 교회 시대에는 그러했다. /*치욕(헬. 오네이디스모스): 비난, 불명예, 모욕 /*영문(헬. 파렘볼레): 원뜻은 '길을 따라 나열하다'는 군사용어인데, '막사' 혹은 '병영'을 뜻하기도 한다.

적용 질문

1. 영원토록 동일하신 예수님 때문에 우리가 누리는 은혜는 무엇입니까?

2. 예수님을 믿는다는 이유 때문에 고난받은 경험이 있습니까?

▣ 적용을 위한 글

예수 그리스도는 영원토록 동일하십니다. 따라서 예수님을 믿는 모든 성도들도 영원한 삶이 가능합니다. 이와 같은 천국에 대한 분명한 믿음을 가지고 있다면 그 나라를 바라보는 자가 해야 할 일이 있습니다. 그것은 형제 사랑입니다. 손님 대접하기를 기뻐하는 것입니다. 그리고 남의 아픔을 함께 아파하고 음행과 간음하지 않고 돈을 사랑하지 않으며 있는 것을 족한 줄로 아는 것입니다. 이 모든 것은 하나님의 나라를 위하여 살아가는 자들의 모습입니다. 특별히 이러한 삶을 사는데 있어서 믿음의 선진들이 보여주었던 신앙의 모습을 본받아야 합니다. 이들은 철저하게 하나님의 말씀에 사로잡혀 살았습니다. 어제나 오늘이나 동일하신 주님을 꽉 붙잡고 흔들리지 않는 믿음을 가졌습니다. 또한 어떠한 율법적 예식에도 미혹되지 말아야 합니다. 그것은 하나도 유익이 없기 때문입니다. 참다운 구원은 영문 밖 갈보리 십자가에서 모든 물과 피를 쏟으신 예수 그리스도께 있습니다.

양들의 큰 목자이신 우리 주 예수

17

▶ 본문 : 히브리서 13:14~25 ▶ 히브리서 13:20

14 우리가 여기에는 영구한 도성이 없으므로 장차 올 것을 찾나니
15 그러므로 우리는 예수로 말미암아 항상 찬송의 제사를 하나님
께 드리자 이는 그 이름을 증언하는 입술의 열매니라 **16** 오직 선
을 행함과 서로 나누어 주기를 잊지 말라 하나님은 이같은 제사를
기뻐하시느니라 **17** 너희를 인도하는 자들에게 순종하고 복종하라
그들은 너희 영혼을 위하여 경성하기를 자신들이 청산할 자인 것
같이 하느니라 그들로 하여금 즐거움으로 이것을 하게 하고 근심
으로 하게 하지 말라 그렇지 않으면 너희에게 유익이 없느니라 **18**
우리를 위하여 기도하라 우리가 모든 일에 선하게 행하려 하므로
우리에게 선한 양심이 있는 줄을 확신하노니 **19** 내가 더 속히 너
희에게 돌아가기 위하여 너희가 기도하기를 더욱 원하노라 **20 양
들의 큰 목자이신 우리 주 예수를 영원한 언약의 피로 죽은 자 가
운데서 이끌어 내신 평강의 하나님이** **21** 모든 선한 일에 너희를
온전하게 하사 자기 뜻을 행하게 하시고 그 앞에 즐거운 것을 예수
그리스도로 말미암아 우리 가운데서 이루시기를 원하노라 영광이
그에게 세세무궁토록 있을지어다 아멘 **22** 형제들아 내가 너희를
권하노니 권면의 말을 용납하라 내가 간단히 너희에게 썼느니라
23 우리 형제 디모데가 놓인 것을 너희가 알라 그가 속히 오면 내
가 그와 함께 가서 너희를 보리라 **24** 너희를 인도하는 자들과 및
모든 성도들에게 문안하라 이달리야에서 온 자들도 너희에게 문
안하느니라 **25** 은혜가 너희 모든 사람에게 있을지어다

▣ 도입을 위한 글

"나의 일정은 너무 빡빡하고 짊어져야 할 의무와 책임이 감당할 수 없을 만큼 무거워 보인다. 하지만 나는 휴가를 원치 않는다. 나는 절대 포기하고 싶지 않다. 내가 원하는 것은 동정도, 물질도, 명예도, 도피처도, 심지어는 기적도 아니다. 나는 오직 예수님을 원한다."

삶의 과중한 책임과 각종 업무로 피곤하고 지친 당신에게도, 모든 것을 가졌지만 때때로 찾아오는 공허함에 즐거움을 좇아가는 당신에게도, 성공의 그림자를 따라 바쁘게 달리는 당신에게도, 그리고 주님의 이름을 부르면서도 때때로 그분의 선하심을 의심하는 당신에게도 필요한 것은 오직 주님, 한 분뿐입니다. 다른 것을 찾지 마십시오. 다른 것으로 채우려 하지 마십시오. 주님을 구하십시오. 오직 주님만을 바라십시오. 생각이 아닌, 지식이 아닌 살아계신 주님을 만날 때, 당신은 이 땅에서 천국을 소유하게 될 것입니다.

– 앤 그레이엄 로츠, 「그 무엇과도 바꿀 수 없는 예수」

도입을 위한 질문

1. 목자와 양의 관계에 대해서 아는 대로 설명해 보십시오.

2. 당신에게 예수님은 '오직 예수'입니까? 아니면 '여러 것들 중에 예수'입니까?

본문 질문

1. '예수로 말미암아'의 의미는 무엇입니까?(15절)

*예수님의 대속 사역으로 우리가 죄 사함과 구원을 받고 천국에 들어가게 되었다. 이것은 우리의 찬송과 기쁨의 이유이다. 우리는 예수님으로 말미암아 항상 찬송의 제사를 하나님께 드릴 수 있다.

2. 하나님께서 기뻐하시는 제사를 살펴보십시오(16절, 약 1:26–27 참조).

*선을 행함(헬. 유포이이아): 선행, 은혜를 베풂, 선행을 베풀다(well–doing), 찬양할 만한.

*서로 나누어 주기(헬. 코이노니아): 동료의식, (문자적으로) 참석, (사회적으로) 상호교류, 자선, 교통, 교제, 분배, 우정, 사귐, 공동체, 공유.

3. 영적 리더십들에 대해 우리가 가져야 할 자세는 무엇입니까?(17절)

*경성하기를(헬. 아그뤼프네오): 파수꾼이 적의 공격에 대비하여 깨어 경계 태세를 취하는 것이다.

4. 히브리서 기자가 특별히 부탁하는 것과 그 이유는 무엇입니까?(18-19절) *설교자는 교인들의 유익을 위해 존재하며 성도들은 설교자의 설교와 그의 삶 전체를 위해 기도로 도와야 한다.

5. 예수님에 대한 세 가지 설명을 써 보십시오(20절).

*예수님은 친히 자신을 '선한 목자'라고 부르셨다(요 10:11, 14절). 베드로는 예수님을 '목자장'(벧전 5:4)이라고 불렀다.

6. 히브리서 기자의 마지막 소원은 무엇입니까?(21절)

*선행과 순종은 단지 우리의 힘과 노력으로 되는 것이 아니라 하나님께서 공급하시는 힘과 역사로 이루어진다. 그러므로 우리는 이 일을 위해 기도해야 한다.

*원하노라(헬. 카탈티조): 만들다, 완성하다, 수리하다, 고치다, 설비하다, 정돈하다, 조정하다, 완전하다.

7. '권면의 말을 용납하라'는 말 속에 담겨 있는 기자의 마음은 무엇입니까?(22절)

*저자는 단호하게 히브리서를 기록하였지만 이 모든 말씀은 권위적인 명령의 마음으로 쓴 것이 아니었다.

*용납하라(헬. 아네코마이): 침착함을 잃지 않다, 자신을 세워 확고하게 하다, 떠받치다, 견디다, 참다.

적용 질문

1. 당신은 양들의 큰 목자이신 예수님의 보호 아래 살고 있습니까? 그 느낌을 나누어 보십시오.

2. 당신의 찬송의 이유는 어디에 있습니까?

▣ 적용을 위한 글

예수 그리스도는 양들의 큰 목자이십니다. 무엇보다도 이분이 우리의 주가 되시며, 우리를 대신하여 십자가에 죽으심으로 우리에게 구원을 주셨다는 사실입니다. 따라서 이와 같은 십자가의 은총을 안다면, 우리는 하나님께 항상 찬송의 제사를 드려야 합니다. 동시에 선행과 구제에 힘써야 합니다. 이것도 하나님이 기뻐하시는 제사입니다. 하나님께서 우리를 구원하신 것은 하나님을 영화롭게 하고, 이 세상에서 선한 일들을 많이 하도록 하시기 위함입니다. 또한 성도들은 자신의 인도자들에게 순종해야 합니다. 물론 인도자들은 성도들을 위해 마치 자신이 결산할 자인 것처럼 깨어 있어야 하며 성실히 그 직무를 다해야 하지만, 성도들은 그 인도자들이 즐거움으로 그 일을 하고 근심으로 하지 않도록 믿음으로 순종해야 합니다. 이때 성도들은 큰 목자이신 예수님을 따라 영원한 기쁨과 찬송이 넘치는 천국에 갈 수 있습니다. 지금 우리를 이끄시는 분이 예수 그리스도가 맞습니까?

*인도자를 위한 지침

1. 성경공부가 단순히 공부로 끝나지 않도록 간절한 기도로 시작해야 합니다. 하나님의 깊은 것까지 통달하시며 우리에게 밝혀 주시는 성령님을 의지하는 자세가 있어야 합니다. 그렇지 않으면 성경공부를 통해서 하나님의 메시지를 발견하기 보다는 자신이 원하는 대로 하나님의 메시지를 조작하는 오류와 착각에 빠져 결국 헛된 시간이 될 수 있습니다.

2. 성경공부를 통해서 밝히 드러나야 할 분은 오직 예수 그리스도이십니다. 성경공부에 참여하는 조원들이 성경공부를 통해서 예수 그리스도와 십자가를 경험할 수 있도록 세심하게 준비하십시오. 또한 그들이 적극적으로 성경공부에 참여하도록 예습 및 복습, 그리고 성경공부 시간 내에 조원들의 상태를 두루 살펴야 합니다.

3. 히브리서는 아주 쉬운 성경이면서 동시에 심오한 진리를 담고 있습니다. 어려울 수도 있지만 그 반대로 아주 명료합니다. 이 서신을 받은 초기 그리스도인들이 설교시간에 설교문으로 그대로 낭독했듯이 진지하게 정독한다면 메시지는 분명합니다. 예수 그리스도의 탁월성을 설명한 한편의 설교입니다. 따라서 조원들은 학습할 본문에 대한 깊은 묵상과 아울러 계속적으로 통독하도록 해야 합니다. 그래서 히브리서 전체를 통해서 예수 그리스도를 느끼고, 부분을 통해서도 예수 그리스도의 탁월성을 느끼도록 해야 합니다.

1과 우리를 위한 대제사장

*point **예수 그리스도는 우리를 위한 대제사장이시다.**

인간 제사장의 제사는 일시적이며 하늘에 있는 것의 모형과 그림자이며, 예수 그리스도께서 하늘에 올라가신 것은 참된 제사장의 직분을 감당하기 위함입니다. 예수님은 성소와 참 장막에서 섬기십니다. 여기서 성소는 하늘 그 자체를 말하며, 참 장막은 예수님 자체를 가리킵니다. 구약에서 오직 대제사장만이 성소에 들어가 하나님의 말씀을 받았습니다. 그런데 본문은 존귀하신 예수님께서 이 땅의 성소의 원형인 하늘에서 참 장막으로 이 땅의 교회와 성도를 섬기고 있다고 말합니다. 우리가 섬겨야 할 분은 참 원형이신 예수님입니다.

2과 더 아름다운, 더 좋은

*point **예수 그리스도는 더 좋은, 즉 새 언약의 중보자이시다.**

예수 그리스도는 더 좋은 언약의 중보자이십니다. 이 언약의 중보자는 절대로 인간으로 대치될 수 없기에 참으로 귀합니다. 옛 언약은 우리의 구원에 있어 전적으로 무능하기에, 하나님은 새 언약을 통해 구원을 이루시기로 작정하셨습니다. 새 언약에 속한 사람은 누구나 하나님의 자녀가 되어 하나님을 주라 고백할 수 있게 됩니다. 누구든지 새 언약 안에 거하면 모든 죄악에서 사함을 얻습니다. 이 모든 일은 다 예수 그리스도 안에서 이루어집니다.

3과 불완전한 첫 언약

*point **예수 그리스도가 없는 첫 언약은 불완전하다.**

첫 장막은 온전하지 못한 것으로 하나님께서는 이것을 통하여 하나님을 섬기는 방법과 피 없이는 구원이 없음을 알려 주셨습니다. 영원한 성소에 들어갈 수 있는 길이 아직 나타나지 않았기 때문에 첫 장막의 제사는 한계를 가지고 있었습니다. 모든 제물은 양심을 깨끗하게 하지 못하며, 이 모든 것은 육체의 예법에만 해당되었습니다. 그러므로 이것은 영적인 모든 것까지도 깨끗하게 하는 예법이 주어질 때까지만 존재합니다. 이 불완전함은 예수 그리스도께서 오심으로 말미암아 완성되었습니다. 이제 그가 오심으로써 그리고 그가 십자가 위에서 우리의 죄를 단번에 속량하심으로써 구약의 의식들은 다 성취되었습니다.

4과 영원한 기업을 약속하신 하나님

*point **영원한 기업의 약속을 위해서 예수 그리스도는 피를 쏟으셨다.**

예수 그리스도의 피는 우리의 죄로 인하여 죽은 행실들로부터 우리의 양심을 깨끗하게 하여 거듭난 삶을 가능하게 합니다. 우리의 대제사장이 되시는 예수님은 우리의 구원에 있어 온전한 선물을 주셨습니다. 그러므로 누구든지 그리스도 안에 있으면 더 좋은 기업을 약속받게 됩니다. 이것이 참된 은혜입니다.

5과 언약의 피라

*point **예수 그리스도께서 흘리신 언약의 피로 우리는 구원과 천국을 소유한다.**

언약도 확실케 하기 위하여 제사의 피가 요구되었습니다. 이를 통해 히브리서 기자는 그리스도가 언약과 유언의 중보자로서 죽임당해야 할 필연성을 결론적으로 증거했습니다. 옛 언약은 피로 세워졌습니다. 피는 정결하게 함과 죄 사함을 의미합니다. 이것은 그리스도의 피가 새 언약의 뜻을 이루는데 어떤 용도와 효력을 가지는지 명백하게 밝힌 것입니다. 그리스도께서 흘린 피는 놀라운 비밀이 있었습니다. 그리스도께서 자신을 드려 단번에 속죄를 이루시고 천국에 들어가셨고 우리를 천국으로 인도하시기 위해서 다시 오실 것입니다. 예수님의 초림은 죄인들의 구원을 위해서였다면, 재림은 구원받은 은총의 자녀들을 천국으로 인도하기 위함입니다. 이 놀라운 은총의 시작점은 갈보리 십자가였습니다.

6과 영원한 제사를 드린 예수 그리스도

*point **희생제물이 되신 예수 그리스도로 말미암아 영원한 제사가 드려졌다.**

그리스도의 속죄사역의 완전함을 다시 한번 명료하게 가르쳐 줍니다. 예수 그리스도의 속죄사역은 십자가로 말미암아 완전합니다. 예수 그리스도께서 영원한 제물이 되심으로 거룩함을 입은 자들은 영원히 온전케 되었습니다. 성령은 새 언약을 통하여 이 사실을 확증하여 주셨습니다. 새 언약의 법을 우리 마음 가운데 심으시고 생각에 기록하여 주셨습니다. 예수 그리스도로 말미암아 얻는 우리의 구원이 완전한 거룩과 완전한 의를 법적으로 단번에 얻는 놀라운 구원임을 바르게 깨달아야 합니다.

7과 새로운 살 길

*point **예수 그리스도께서 새로운 살 길을 열어 주신다.**

참 길은 오직 하나뿐입니다. 예수 그리스도의 십자가를 통하여 열린 길입니다. 이 길만이 모든 사람들에게 참 생명과 기쁨을 전합니다. 이를 위해서 예수님은 십자가를 지시고 갈보리 언덕에 오르셨습니다. 예수 그리스도의 십자가의 죽으심으로 성소 가운데 놓여 있는 휘장이 찢어졌습니다. 휘장은 그리스도의 육체를 의미합니다. 이제 누구든지 그리스도의 피를 힘입는 자는 누구든지 성소에 들어갈 수 있습니다. 그리스도의 피는 우리의 양심에 있는 악을 깨닫고 정결하게 하고, 참 마음과 온전한 믿음을 주어서 우리로 하여금 하나님께 나아가게 합니다.

8과 구원에 이르는 믿음 갖기

*point **믿음을 가진 자가 되어서 예수 그리스도를 따르자.**

믿음이란 정의하기 힘든 성질의 것입니다. 대신 믿음은 움직이면 쉬워집니다. 말뿐인 믿음은 힘이 없습니다. 아무런 가치도 없습니다. 믿음을 가지고 행동해야 합니다. 움직여야 합니다. 이와 같이 믿음을 가진 자의 삶은 은총으로 가득합니다. 그러나 이 은총은 세상 사람들이 생각하는 것과는 거리가 멉니다. 고난이 있기 때문입니다. 그러나 고난 뒤에 누릴 영광은 가히 세상의 어떤 영광과도 비교할 수 없습니다. 따라서 우리는 믿음의 담대함과 확신을 버리지 말고 끝까지 믿음을 지켜야 합니다.

9과 믿음의 실상과 증거

*point **믿음의 실상과 증거를 가지고 그리스도를 따르는 삶을 살자.**

믿음은 바라는 것들에 대한 확신이요, 보지 못하는 미래의 증거입니다. 당장 눈에 어떤 증거가 보여서 움직이는 것이 아닙니다. 눈에 보이지 않더라도 하나님의 인도하심을 확신하는 것이며 소망하는 것입니다. 즉 하나님의 존재와 섭리, 인도하심 등 우리 눈에 보이지 않는 것에 대한 증거가 바로 믿음입니다. 아벨과 노아는 바로 이러한 믿음을 가지고 살다간 믿음의 첫 증인들입니다. 믿음은 하나님에 대한 신뢰이며 말씀에 대한 확신입니다.

10과 본향을 사모하는 믿음

*point **본향을 향한 믿음의 여정에 있어 필요한 것은 참된 믿음이다.**

예수 그리스도를 통해서 열린 믿음의 길을 걸을 때 우리의 심령은 세상이 줄 수 없는 평안과 기쁨으로 가득할 것입니다. 영원히 거할 본향이 있기 때문입니다. 우리 믿음의 본질은 순종입니다. 아브라함은 고향을 떠나 나그네와 같이 떠돌았지만 늘 본향을 기대하였습니다. 하나님의 약속을 믿었기 때문입니다. 성경은 아브라함과 이삭, 야곱을 본향을 찾는 나그네라고 말합니다. 이들은 더 나은 본향을 사모하는 자들입니다. 그러나 이들이 찾는 본향은 땅에 있는 것이 아닙니다. 바로 하나님은 이와 같은 믿음의 사람들을 기뻐하시고, 이들을 위하여 하늘나라를 예비하셨습니다.

11과 믿음으로 행동하라

*point **어떤 상황에 처할지라도 믿음의 결단을 하자.**

아브라함, 이삭, 야곱, 요셉, 라합이 처한 상황은 오늘을 살아가는 우리의 상황과 별반 다르지 않습니다. 시대적 차이만 있을 뿐 거의 똑같다고 해도 과언이 아닙니다. 그렇다면 이들이 내린 믿음의 결단은 곧 우리가 내려야 할 믿음의 결단이라고 할 수 있습니다. 당장 눈에 보이는 증거가 없을지라도 하나님을 믿고, 하나님을 경외해야 합니다. 믿음의 선진들이 믿음의 결단을 내려 믿음의 길을 걸었던 것처럼, 우리도 말로 끝내는 믿음의 결단이 아니라, 행동(순종)으로 이어지는 결단을 보여야 합니다.

12과 세상이 감당하지 못할 자

*point **고난이 있을지라도 오직 믿음으로 세상을 향해 나아가자.**

우리는 믿음으로 하나님께서 약속하신 내용들을 소망하며 지금은 보이지 않지만 마음의 눈을 열어 그 영광의 세계를 바라보아야 합니다. 환난과 핍박으로 아주 고통스러운 삶이 연속될지라도 믿음의 길에서 벗어나면 절대로 안 됩니다. 우리에게는 예수 그리스도를 향한 믿음과 본향에 대한 영원의 소망을 가져야 합니다. 세상과 타협하지 않는, 세상이 감당할 수 없는 참된 믿음의 사람이 되기를 소망하십시오.

13과 믿음의 경주

*point **오직 예수 그리스도를 바라보는 믿음의 경주자가 되자.**

그리스도인들의 믿음의 경주에 필요한 것은 인내이며, 매 순간 모든 초점을 예수 그리스도께 맞추어야 합니다. 예수 그리스도만이 경주자의 걸음을 천국으로 인도하게 만드는 힘의 원천이기 때문입니다. 이와 같은 믿음의 경주자에게 하나님의 징계하심이 있는 것은 당연합니다. 그것은 하나님께서 사랑하시고 받으신다는 표시요 하나님의 참 자녀라는 증거이기 때문입니다. 따라서 우리는 하나님의 징계하심을 경히 여기거나 무시해서는 안 됩니다. 하나님의 징계하심을 잘 참고 일어나 힘을 내야 합니다.

14과 쓴 뿌리

*point **모든 쓴 뿌리를 버리고 화평함과 거룩함을 따르자.**

쓴 뿌리를 없앨 수 있는 방법은 오직 그리스도의 십자가입니다. 예수 그리스도를 믿어 구원받은 백성은 그에 합당한 열매가 있습니다. 그 열매가 바로 모든 사람과 더불어 화평함과 거룩함을 좇는 것입니다. 화평함과 거룩함을 좇는 구체적인 모습은 첫째, 하나님의 은혜에 도달하는 것, 서로 간의 쓴 뿌리를 없애는 것, 팥죽 한 그릇에 하나님이 주신 장자의 명분을 판 에서와 같은 망령되고 음행하는 행위를 벗어 버리는 것입니다. 우리가 좇아야 할 것은 오직 예수 그리스도의 은혜입니다.

15과 흔들리지 않는 나라

*point **경외와 경건한 믿음의 삶을 통해서 흔들리지 않는 나라로 나아가자.**

구약과 대조하여 신약 아래서 주신 하나님의 크신 은혜를 깨닫고 하늘로부터 내려오셔서 말씀하시는 분, 주 예수 그리스도를 거절하지 말고 하나님의 은혜를 받아 경외와 경건함으로 하나님을 기쁘게 섬겨야 할 것을 말씀하십니다. 우리는 모세를 통해 시내산에서 이스라엘에게 주신 정죄의 율법과 대조되는 예수 그리스도로 말미암은 은혜의 복음, 곧 의와 영생의 천국 복음을 감사히 받아야 합니다. 또한 신약 아래서 주신 하나님의 크신 은혜를 깨달아야 합니다. 또 말씀하시는 자, 주 예수 그리스도를 거절하지 말고 전심으로 환영하고 그 앞에 복종해야 합니다.

16과 어제나 오늘이나 영원히 동일하신 주

※point 영원토록 동일하신 예수 그리스도만을 믿자.

천국에 대한 분명한 믿음을 가지고 있다면 그 나라를 바라보는 자가 해야 할 일이 있습니다. 그것은 형제 사랑입니다. 손님 대접하기를 기뻐하는 것입니다. 그리고 남의 아픔을 함께 아파하고 음행과 간음하지 않고 돈을 사랑하지 않으며 있는 것을 족한 줄로 아는 것입니다. 철저하게 하나님의 말씀에 사로잡혀 어제나 오늘이나 동일하신 주님을 꽉 붙잡고 흔들리지 않는 믿음을 가져야 합니다. 어떠한 율법적 예식에도 미혹되지 말아야 합니다. 오직 참다운 구원을 죄인인 우리들에게 주시기 위해 영문 밖 갈보리 십자가에서 모든 물과 피를 쏟으신 예수 그리스도, 영원토록 불변하시는 예수님만을 의지해야 할 것을 가르쳐 주십시오.

17과 양들의 큰 목자이신 우리 주 예수

※point 양들의 큰 목자이신 예수님을 따르자.

예수 그리스도는 양들의 큰 목자이십니다. 무엇보다도 이분이 우리의 주가 되시며 우리를 대신하여 십자가에서 죽으심으로 우리에게 구원을 주셨다는 사실입니다. 따라서 이와 같은 십자가의 은총을 입은 우리는 하나님께 항상 찬송의 제사를 드리며 이웃들을 향한 선행과 구제에 힘써야 합니다. 또한 인도자의 가르침에 순종해야 합니다. 이와 같은 믿음의 찬송과 교제, 순종이 있을 때 성도들은 큰 목자이신 예수님을 따라 영원한 기쁨과 찬송이 넘치는 천국에 갈 수 있습니다.

쉽게 편찬된 구역 및 대학 · 청년부
G.B.S.용 교재

쉬운 히브리서 Ⅱ

저자 | 양재웅

초판 1쇄 | 2025년 2월 28일

발행인 | 김경섭
국제총무 | 최복순
총무 | 김현욱
협동총무 | 김상현
편집부 | 고유영(편집실장), 김성경, 김지혜
인쇄 | 영진문원

발행처 | 묵상하는사람들
등록번호 | 108-82-61175
일부총판 | 생명의말씀사 Tel. (02) 3159-7979 Fax. 080-022-8585

주소 | 서울특별시 서초구 청룡마을길 8-1(신원동) (우) 06802
전화 | (02) 588-2218 팩스 | (02) 588-2268
홈페이지 | www.precept.or.kr
국민은행 431401-04-058116(프리셉트선교회)

값 5,000원
ISBN 978-89-8475-224-5 03230

독자 여러분의 의견을 기다립니다.
(02) 588-2218 / pmbook77@naver.com